# 太平洋島國
## 風情與風雲

Pacific Island Nations and Entanglement of Major Powers

何登煌◎著

臺灣商務印書館

# 外交部林部長永樂序

太平洋島嶼國家星羅棋布地散落在浩瀚的太平洋海域，這十四個獨立國家與六個美國、法國及紐西蘭的海外屬地，一般人對這些島國較不熟悉。然而歷經二戰期間太平洋戰爭的洗禮，列強相互爭奪島嶼的制海權，讓太平洋諸國的戰略地位日益重要。

近年來，美國為積極維護其在太平洋地區之利益，推動「重返亞洲」政策，歐巴馬總統於民國100年 (2011) 年 11 月在 APEC 經濟領袖會議中宣示積極參與「跨太平洋夥伴協議」(TPP)，強化美國與亞太國家的聯結。101(2012) 年 8 月「太平洋島國論壇」(PIF) 於庫克群島舉行，美國國務卿柯琳頓親自率團出席論壇會後對話會議，為歷年來最高層級之美國代表團，凸顯美國對該區域之重視，並逐步重新鞏固其軍事、戰略、安全與經濟利益。

太平洋地區向為我國外交重鎮，我與索羅門群島、土瓦魯、馬紹爾群島、帛琉、諾魯及吉里巴斯維持邦交關係，彼等亦多次在國際場合助我並為我發聲。自 97 年 (2008) 5 月馬總統上任以來，政府推動「活路外交」政策，秉持「目的正當，程序合法，執行有效」三大原則，執行對外援助合作，務求有效改善受援國國計民生。以西方的角度來看，此三大原則就是 accountability( 負責 )、transparency( 透明 )、good governance( 良治 )。為將這些原則制度化，外交部於 99 (2010) 年 6 月公布施行「國際合作發展法」，

奠定未來我國推動國際合作之永續基礎。

馬總統於 99(2010) 年 3 月赴我太平洋六友邦進行「太誼之旅」國是訪問期間，特別宣布推動六項有助當地經濟發展與民生需求之合作計畫，均獲得各國正面之迴響。

本書作者何登煌大使是我在外交部的老同事，他具有豐富的外交實務經驗，曾派駐美國、英國、新加坡及貝里斯，在每個任所均有傑出優秀的表現。何大使於 98 (2009) 年間奉派出使我友邦吉里巴斯共和國，本人時任外交部常務次長，主管亞太地區業務，瞭解何大使用心經營我與吉國之關係，與吉國政府及民間建立深厚情誼，在協調雙邊事務上十分稱職，為我外交折街樽俎，出力甚多。

《太平洋島國風情與風雲》一書內容豐富，條理清晰。作者何大使以第一手觀察，介紹個別國家與屬地的歷史背景及風土民情，並運用外交人獨特敏銳的眼光綜合分析太平洋國際及區域性組織之運作，探討強權國家在此區域之權力競逐，以及我國應有之外交作為等，他個人之見解及評析確有獨到之處。

本書內容充實，撰寫相當用心。由於國內普遍對於太平洋地區國家與關係十分陌生，相關著作多屬觀光旅遊書籍，本書將可增加讀者對此區域之瞭解及認識，特以為序，以示鼓勵嘉勉之意。

林永樂 謹序

中華民國 101 年 10 月 9 日

外交部史常務次長亞平序

　　大多數的太平洋島嶼國家在歷史上曾為西方國家的殖民地，一直到二次大戰後才開始獨立發展自身的民主與經濟，因此起步較慢。誠如本書作者何登煌大使在書中所述，這些國家「地理上受天然災害侵襲而具非常脆弱性，教育資源與發展受限、衛生醫療缺乏，仍處於維持基本生存的貧瘠農漁業等，而亟需仰賴國際強國或國際組織援助」。

　　由於我國曾是受援國，外援對臺灣的經濟與民主發展，社會與科技進步，有相當大的貢獻。今天中華民國已轉變為「愛心輸出國」，因此分享自身成功經驗是臺灣的莊嚴責任，也是我國與太平洋島嶼國家友誼的重要基礎。

　　過去三十餘年來，我國長期深耕協助土瓦魯、索羅門群島、馬紹爾群島、帛琉、吉里巴斯及諾魯六個太平洋友邦國家因應不同階段的發展策略，規畫並執行一系列攸關其國計民生的國際合作計畫。然而，現今全球人類所面臨的挑戰與威脅已經打破傳統的範疇，在區域經濟高度整合下，競爭力較弱的國家有被邊緣化的危機；此外，極端氣候、水資源及糧食的短缺，以及新興傳染疾病的蔓延已然成為太平洋島嶼國家必須共同努力克服的嚴峻考驗。

　　為協助友邦國家自立發展當地經濟與公衛體系，我國在太平洋友邦成立「臺灣衛生中心」、派遣行動醫療團、開辦職業訓練計畫、推動糧食安全「360 計

畫」、「臺灣一盞燈」、「低碳島」等計畫均有顯著成效，為友邦國家的永續發展奠定穩固的基礎。

本人於 98 (2009) 年奉派擔任我駐新加坡代表之前，何大使已奉命代理館務達半年，嗣協助本人進行業務交接，展現其優秀的工作能力與績效，深受政府肯定，並榮升我駐吉里巴斯大使。駐節吉國期間，何大使用心觀察太平洋島國獨特的風土人情與政經發展，深有所感，埋下撰文分享的想法。

何大使在《太平洋島國風情與風雲》一書中，以其敏銳的觀察及深入淺出的筆觸，讓我們對太平洋上的鄰居有更全面、更深入的瞭解。在本書付梓同時，本人特別寫下這段序文，希望藉由補充說明我與太平洋友邦推動國際合作的現況，以拋磚引玉的方式讓每位讀者認識到這些國家並非只是地圖上一連串陌生的地名，而是我國的堅實友邦，與我國有緊密的交流與合作，期盼國人能透過此書，發現不一樣的太平洋國家，用更寬廣的視野觀察國際情勢，並給與我外交工作更多的支持，特以為序。

史亞平 謹序

中華民國 101 年 11 月 2 日

登煌兄是我在外交部的老同事，他請我為他的新書《太平洋島國風情與風雲》寫序，我欣然同意。

登煌兄參加外交工作逾三十年，是一位孜孜不倦、學者型的優秀外交官。他曾外派夏威夷、貝里斯、倫敦、新加坡等地，2009 年出任我國駐吉里巴斯大使，盡心維護邦誼。2012 年任滿回國，來到外交學院與我共事，負責亞太政策研究，並擔任新進外領人員的大使級輔導員，傳承外交經驗。

由於登煌兄在各方面表現傑出，2013 年元月即將接任本部亞太司長職務，負責我國與亞太地區三十六國、三十二個駐外館處的業務，肩負重任，我藉此機會預祝他新職工作順利，為我國活路外交開創更寬廣的空間。

本書是有關太平洋島國的風情與風雲，由以上的簡述可知，登煌兄是本書最恰當的作者。也由於美國歐巴馬政府推動「重返亞洲」(pivot to Asia) 政策，國務卿希拉蕊在 2012 年 8 月親自率團出席在庫克群島舉辦的第 43 屆「太平洋島國論壇」(Pacific Islands Forum) 會後對話，這是 1971 年該論壇成立以來，美國所派最高規格的代表團，使長期遠離國際政治核心的太平洋島國首次成為全球矚目的焦點。

該論壇成員國除澳大利亞和紐西蘭外，其餘十四國雖多為小國，但有六國係我邦交國，分別是索羅門群島、馬紹爾群島、帛琉、諾魯、土瓦魯、吉里巴斯，

占我二十三個邦交國的四分之一，對我國意義重大。

在當前國際關係結構下，小國與大國在聯合國及大多數國際組織中具有平等的投票權，許多國家為爭取出任聯合國安理會非常任理事國，或在重要國際議題上鞏固自身利益，紛紛加強對小島國拉攏的力度，爭取小島國集團的票源，包括美國、日本、澳大利亞和中國大陸在內，近年來更加重視對太平洋島國的經營及戰略布局。

我國以往為防堵中共外交攻勢，不得不在南太平洋、非洲、加勒比海及中南美洲地區，與中國大陸進行無止境的外交競逐，徒耗外交資源。自2008年馬總統執政以來，在「親美、友日、和陸」的政策指導下，兩岸逐步建立互信，我國的對外關係與兩岸關係呈現良性循環，兩岸之間也停止互挖邦交國，過去四年半我國二十三個邦交國一個也沒有少，我國因此可以「正派經營」每一個邦交國，使每一筆援外款項依照「目的正當、過程合法、執行有效」三原則辦理，有效提升我國國際地位，使我國成為國際人道援助的提供者，並積極參與國際社會「良治」(good governance ) 的建設。

太平洋島國面臨許多共同的生存與發展問題，包括經濟發展停滯、基礎建設落後、糧食生產短缺、過度仰賴外援、氣候暖化導致海平面升高所帶來的威脅等，但太平洋島國也有其優勢，包括廣闊的專屬經濟區、豐富的漁產與海底資源，仍有極大的開發潛力。

我國依據聯合國千禧年發展目標 (UN Millennium Development Goals ) 揭示的八項目標，在能力建構、漁業合作、醫療合作、農業合作、再生能源開發及文化交流等方面，進一步協助我南太平洋友邦發展，以朝向「消滅貧窮、普及教育、兩性平等、降低兒童死亡率、改善產婦保健、對抗疾病、環境可持續發展、全球夥伴關係」之目標邁進。

總之，登煌兄這本新書出版得正是時候，不僅為讀者們在知識領域開啟了一扇窗，也為登煌兄即將接任新職做了很好的準備！

石　　　謹序

中華民國 101 年 12 月 5 日台北

# 自序

　　浩瀚的西南太平洋地區海域面積廣達 2,000 萬平方英里，二次世界大戰係盟軍與日軍兵家必爭與浴血戰役的戰略要衝；迄今仍為海線交通與航空重要據點；雖然該區國家多屬小國寡民經濟落後工業不興，必須仰賴外援；但擁有豐沛的海洋漁業資源、椰子、木材與若干礦產，吸引世界各國業者爭相前往作業開發。

　　目前列強在此地區維持微妙的均勢，各分畛域、各有追求、相安無事。基本上，美國在此區域的利益在軍事與戰略安全，且以自由結合國家為主要援助對象與發展夥伴；並與澳洲有所默契，以赤道為界劃分勢力範圍，以北由美國擔綱，以南則由澳洲主導；澳洲則視此區為其後院與安全禁臠，強力主導維繫本區和平與穩定；中國大陸則因美國的淡出與澳洲的強勢作風發生與斐濟的決裂，趁虛而入填補此一權力真空，同時挾其崛起的經濟力量，正鯨吞蠶食在各島國從事重大投資設廠，除確保原料來源外，並以經濟服務外交，成為後來居上的最大贏家；中共此一發展態勢，長期以觀難免破壞目前區域均勢，引起美澳的懷疑與戒心，歐巴馬政府已逐漸改弦更張重新重視其在此區的利益；紐西蘭對此區的安全與外交政策與澳洲亦步亦趨，相輔相成，但基本上乃以其屬國為經援的主要對象；法國的利益厥在於其屬地，故以維繫其與屬地的聯繫為其政策；日本則以經濟為手段達至外交目的換取島國支持其爭取在國際組織的重要席位如

聯合國安理會非常任理事國等；另一方面在為其國內海洋漁業與其他產業鋪路以便利並拓展其商機；我國對此區具有外交與經濟利益，經由此區內六個友邦在國際組織為我有意義參與國際組織與活動發聲外，我對友邦毫無條件的援助，並成為友邦朝野一步一腳印、攜手並肩的工作夥伴，其成果受到地主國朝野乃至國際的肯定。

兩岸外交休兵使兩岸雙方均得以無後顧之憂，全力協助友邦發展，而獲得暫時休養生息；但我外交工作不能完全建立於對岸的善意；雖不求戰但宜有備戰的萬全準備。面對中共在友邦寧靜的經貿投資攻勢，未雨綢繆，構思強化與鞏固友邦關係，以技術與資金即早尋求與區域各島國兩利的合作商機，為簽署自由貿易協定與建立或加入其自由貿易區鋪路。同時對中共逐漸擴展其在本區的影響力，可能發生區域均勢現況變化，與美澳間潛在的平行利益與衝突利益中預為研析，尋求與美澳及其他與國的合作空間以維持我最大的國家利益。

# 目錄

# 前言

　　為了研究區域強權權力角逐的方便並配合實際局勢，本書所稱的太平洋島嶼國將以目前已獨立自主的十四個島國（包括庫克島、斐濟、吉里巴斯、馬紹爾群島、密克羅尼西亞邦聯、諾魯、紐埃、巴布亞新幾內亞、帛琉、薩摩亞、索羅門群島、東加、土瓦魯、萬那杜）；以及六個太平洋屬地（包括美屬薩摩亞、法屬玻里尼西亞、法屬新喀里尼西亞、法屬瓦里斯與伏杜那、紐屬托克勞與紐屬比開恩）；不包括關島與智利的復活島為主。而本文所稱的列強也以地理鄰近與積極在本地區活動，扮演相當角色的國家，包括美國、中國大陸、澳洲、紐西蘭、法國、日本與我國為主。原來在十九、二十世紀在本區相當活躍的歐洲國家如葡萄牙、西班牙、德國與英國在二次大戰後各屬地紛紛獨立後，逐漸淡出本區域，其等活動已不足為道。另蘇聯因解體後獨立國協與蘇俄在此區域的活動僅限捕漁等零星的貿易活動；而歐盟雖與本地區締結有貿易條約，其在本區活動僅限於經濟與人道援助以及貿易往來，所以不在本文研討之內。

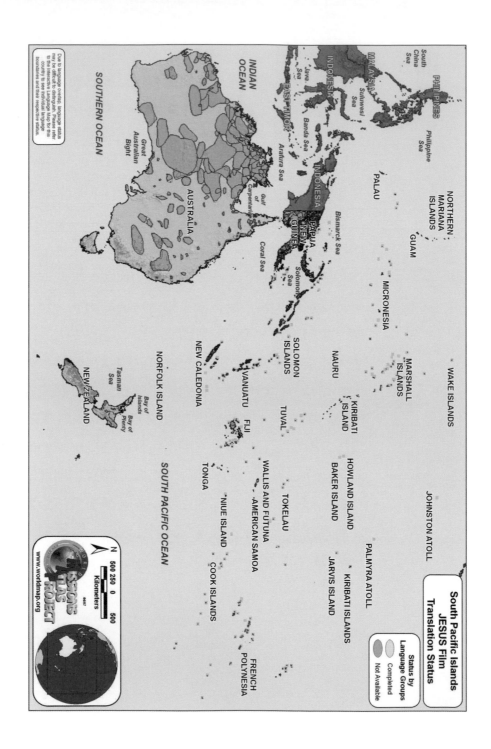

# 第一章 太平洋島嶼國的特色與分類

## 第一節 太平島嶼國的特色

太平洋島嶼國橫跨東經 135 度與西經 130 度；北緯 20 度與南緯 30 度之間；其間有國際換日線與赤道，海域總面積高達 2,000 萬平方英里，而陸地總面積只有 11 萬 7,000 平方英里，其中 80％的陸地在巴布亞新幾內亞，可耕地只有 8％。這些島嶼國的特色有：

**小國寡民**：除了巴布亞新幾內亞、索羅門、斐濟與萬那杜的土地面積在 1 萬平方英里，人口在 24 萬以上外，其他島國都屬於袖珍型的國家，其中諾魯土地面積 21 平方公里人口 9,322 人、土瓦魯土地面積 26 平方公里人口 10,472 人係世界上最迷你的國家。

**缺乏天然資源**：一樣地，除了巴布亞新幾內亞、索羅門、斐濟與萬那杜外，大部分的島嶼國缺乏天然資源，原諾魯豐富的磷礦在過度開採下已挖竭耗盡。而諾魯協定締約國 (Party of Nauru Agreement, PNA) 八個會員國擁有豐沛的海洋資源，尤其是鮪魚的蘊藏量占世界第二位，是太平洋島嶼國家唯一得天獨厚的資源。

**低經濟開發**：由於島嶼國遠離世界繁榮國家，基礎設施落後，交通不便，又缺乏天然資源，除基本生計的農漁業外，工商業普遍不發達，必須仰賴外援。

**種族複雜社會動盪不安**：土地較大人口較多與經濟情況較佳的巴布亞新幾內亞、索羅門、斐濟因國內

政治不穩定、種族與語言等因素，造成種族衝突迭起，社會動盪不安。

**低窪地勢**：相關國家如吉里巴斯、諾魯、土瓦魯等屬於低窪地區國家 (Low Lying Countries) 與低度開發國家 (Low Developing Countries)；受氣候變遷的影響最大，成為其國家生死存亡的威脅。

**政治民主**：歷史上受到西歐尤其英國與法國的統治而有相當的民主基本制度，人民享有相當的自由與人權受到相當的尊重。

**戰略要衝**：太平洋島嶼國位處海洋交通樞紐，在第二次世界大戰的太平洋戰爭中，成為盟軍與日軍兵家必爭之地，跳島戰爭與聞名的塔拉瓦戰役（Tarawa War）、馬京戰役 (Makin War) 與所羅門群島戰役等都在此區內。迄今在太空、核武、航海、軍事與洲際導彈等發展上仍具有舉足輕重戰略地位。

# 第二節 太平洋島嶼國的分類

基本上，除斐濟有約 40％的印度裔外，太平洋島嶼國依人種可分為三類，即美拉尼西亞、密克羅尼西亞與玻里尼西亞。

**美拉尼西亞**：美拉尼西亞的意思是黑色島。包括新幾內亞（是太平洋最大的島，又分為巴布亞新幾內亞與印尼所屬的巴布亞與西巴布亞省）、法屬的新喀里多尼亞 (New Caledonia)、任納德凱斯 (Zenadh Kes，即托里斯海峽島 Torres Strait Islands)、萬那杜、斐濟與索羅門群島。其人種主要為非洲土著，膚色黯黑，體型粗獷。這個組群是三個組群中人口最多者。

**密克羅尼西亞**：密克羅尼西亞意思是小島。包括馬里安那群島、關島、威克島、帛琉、馬紹爾群島、吉里巴斯、諾魯（諾魯比較特殊，它

的人種係上述三種的混合，文化則深受密克羅尼西亞影響而歷史則屬玻里尼西亞，但一般歸類於密克羅尼西亞）與密克羅尼西亞聯邦。

　　**玻里尼西亞**：玻里尼西亞是多島的意思，包括有紐西蘭、夏威夷群島、羅杜馬島 (Rotuma)、中途島、薩摩亞、美屬薩摩亞、東加、土瓦魯、庫克群島、瓦里斯與伏杜那島 (Wallis and Futuna)、托克勞 (Tokelau)、紐埃 (Niue)、法屬玻里尼西亞與復活島。這是三大組群中區域面積最大者。

　　另亞洲開發銀行則以天然資源、經濟發展與人口等為考量因素，將太平洋島嶼國分為三類：

1. 具有豐富天然資源、經濟發展潛力與相對眾多人口的國家：包括巴布亞新幾內亞、萬那杜與索羅門群島。

2. 具有相對中等天然資源、發展潛力與人口成長：包括斐濟、薩摩亞、密克羅尼西亞、東加與庫克群島，

3. 珊瑚礁島國家缺乏天然資源與經濟低度發展國家：包括馬紹爾群島、諾魯、土瓦魯與吉里巴斯。

# 第二章 太平洋島國簡介

## 第一節 庫克群島 (Cook Islands)

### 一、基本資料：

首都：阿瓦如瓦 (Avarua)

官方語言：英文、庫克島毛利語

人種：87.7％毛利人、5.8％部分毛利人與 6.5％
其他人種

政體：君主立憲、英女王為國家元首，有女王代
表與總理， 1965 年與紐西蘭結為自治政
府自由聯盟，1992 年外交獨立為聯合國
所承認。

土地面積：240 平方公里

人口：19,569 人

人口密度：每平方公里 76 人

GDP：1 億 8,300 萬美元

平均個人所得：9,100 美元

錢幣：紐西蘭幣

電話國碼：682

### 二、人文與地理：

　　庫克群島是個自治議會民主國家而與紐西蘭保持
自由聯盟。庫克群島共有十五個小島，總面積為 240
平方公里，但其專屬經濟區廣達 180 萬平方公里。主
要人口集中在拉若東加（Rarotonga）島。在紐西蘭
有將近 58,000 個庫克島毛利裔；在澳洲有約 15,000

名庫克群島裔移民。每年到庫克島觀光人數近 10 萬人，係該國最大的產業。雖然庫克島人為當然的紐西蘭公民，但紐西蘭公民未必享有庫克島公民資格。

　　庫克群島共有十五個島，可分為兩個不同組群：南庫克群島與北庫克群島。

　　南庫克群島又分：

　　　　Nga-pu-Toru（意思為「三根」，係南島群最東部的島）包括：

　　　　Atiu

　　　　Ma ʻuke

　　　　Mitiaro

　　　　Takutea

　　南島群其他各島：

　　　　Aitutaki

　　　　Mangaia

Rarotonga（首都 Avarua 所在地）

Palmerston

Manuae

Winslow Reef ( 沈於海面下 )

北庫克島群：

Manihiki

Nassau

Penrhyn

Pukapuka

Rakahanga

Suwarrow

Tema Reef ( 沈於海面下 )

　　庫克群島位於南回歸線 9 度與 22 度之間，屬於熱帶海洋型氣候，分為雨、旱兩季；旱季從 4 月到 11 月，溫度在攝氏 20 度到 26 度之間；雨季從 12 月到 3 月，溫度在攝氏 22 度到 28 度之間。

## 三、歷史：

　　庫克群島首先由來自大溪地的玻里尼西亞人在第六世紀時移居該地；十六世紀時，西班牙船隻訪問該群島，第一個與該島接觸的文字記錄是西班牙水手 Alvaro de Mendana de Neira 在 1595 年將該地稱為 San Bernardo。後來，葡萄牙與西班牙雙籍的 Pedro Fernandez de Quiros 在 1606 年登陸 Rakahanga 島時，成為第一個記載的歐洲人登陸該群島，他將該島稱為 Gente Hermosa（美麗的人民）。

　　英國航海家庫克船長 (Captain James Cook) 先後在 1773 年與 1777

年抵達該島，並將該群島命名為 Hervey Islands，庫克群島以紀念庫克船長是在 1820 年俄國的海軍航海圖上首次出現。1821 年英國傳教士開始抵達該群島，基督教迅速成為該地的主要宗教，該群島島民陸續皈依為基督徒。

1888 年庫克群島成為英國的保護地，主因乃當地居民害怕在大溪地的法國人會入侵該地；1901 年紐西蘭政府不顧當地酋長的反抗決定併吞該地，直到 1965 年該群島一直為紐西蘭的保護屬地。當年紐西蘭政府決定給予該地自組政府，同年庫克群島黨的 Albert Henry 被選為首任總理。

　　1980 年 6 月 11 日美國與庫克群島簽署條約劃清美屬薩摩亞與庫克群島的海界，美國放棄 Penrhyn、Pukapuka、Manihiki 與 Rakahanga 各島的主權。1990 年庫克群島與法國簽署條約界定該群島與法屬玻里尼西亞的疆界。目前，庫克群島已成為實質上獨立的國家，但紐西蘭仍負責該國的國防。

## 四、政治：

　　庫克群島係議會代表制的民主政體，英女王的代表為其名義的國家元首，首席部長為政府首長。群島與紐西蘭保持自由聯盟，並保有完全的內政與外交自主權。迄至 2005 年，庫克群島與十八個國家建有邦交。

目前，該國並非聯合國完全會員國但出席世界衛生組織與聯合國教科文組織，並為聯合國亞太經濟社會委員會副會員。

## 五、交通、傳播與電訊：

紐西蘭航空每天有波音 767 班機飛於庫克群島的 Rarotonga 與奧克蘭、斐濟、大溪地與洛杉磯之間；而 Air Rarotonga 每天有五班客貨班機飛往 Aitutaki；另每週有五班飛往其他四、五個外島。海運方面則有兩家國際海運公司航行於 Rarotonga、奧克蘭、薩摩亞、東加與紐埃之間；另有一家航行於 Rarotonga 與各外島之間的定期航線。

庫克群島電訊公司提供國際電話直撥、國際網路、電子郵件、傳真與電報等服務；全國有六家廣播公司、一家私人的電視公司提供二十四小時當地新聞報導以及紐西蘭電視公司、澳洲廣播公司亞太台的國際新聞與外國節目。報紙方面有日報 The Cook Islands News、兩家週報 The Herald 與 The Independent。

## 六、經濟社會教育文化與其他：

由於地處邊陲相當孤立，且基礎設施不足，加上缺乏天然資源與天災肆虐，庫克群島的經濟相當貧困，經濟以觀光、漁業、農業與金融為主。

**觀光**：2000 年時觀光客多達 75,000 人創下紀錄，主要來自紐澳、歐洲與美加；觀光與服務業收入占 GDP 的 80％，帶給庫克群島重大的經濟利益，並有助於 Rarotonga 與 Aitutaki 兩個最重要島觀光基本設施的建設與發展。

**漁業**：可分南、北兩區域，南區的漁貨大多以空運運往日本與美國銷售；主要的漁類為鮪魚，包括：大目鮪魚、黃鰭鮪魚、黑鮪魚與長鰭鮪魚 (albacore)。另外，馬林魚、broadbill、mahimahi、wahoo 與月魚

(moonfish) 則輸往美國或冷凍銷售當地市場。2002 年在南區水域魚獲共有 271 公噸，總價高達 250 萬美元；北區水域所捕獲的鮪魚大都冷凍運往美屬薩摩亞的首府 Pago

Pago 製罐廠；2002 年該區捕獲鮪魚量有 846 公噸，總價高達 310 萬美元；據庫克群島漁業資源部官員表示每年非法在其專屬經濟海域捕漁之外國漁船魚貨量估計在 100 公噸之多。另該國政府與美國簽署漁業協定每年接受 100 萬美元入漁費而准許美國漁船在其專屬經濟海域捕釣鮪魚。紐西蘭的皇家空軍、法國軍隊的海事巡邏艇以及庫克群島的巡邏艇合作負責對該國的專屬經濟海於巡邏監控。

珍珠：黑珍珠係庫克群島僅次於觀光的最重要出口項目，2000 年的產值為 1,800 萬紐元；2002 年降為 600 萬紐元，主要原因乃世界珍珠價格下跌與兩個盛產地 Manihiki 與 Penrhyn 爆發流行性疾病。日本是庫克群島黑珍珠的主要顧客，約占 50%；其他為歐洲，澳洲，夏威夷與美國本土。庫克群島 78% 的黑珍珠產於 Manihiki，20% 產於 Penrhyn，2% 產於 Rakahanga。

在 Manihiki 島雇用 250 名全職與非全職員工，約有九十個珍珠養殖場每年養殖九十萬隻珍珠貝殼，年生產約三十萬顆珍珠。

農業：70% 的庫克群島人民從事農耕，產品供自用或銷售。最大的顧客是觀光業者；主要的農作物除蔬菜外，以柳橙、香蕉與鳳梨為主。

農業生產占 GDP 的 18%。

金融服務業：庫克群島有六家境外金融信託公司，這種境外金融服務收入占該國民總生產毛額的 8.2%，僅次於觀光收入。主要的境外金融服務為財產的信託管理以及境外共同基金管理。

語言：該群島主要語言為英語與紐西蘭毛利語；傳統玻里尼西亞歌舞甚為流行，而基督教音樂也相當普遍。木雕為主要藝術工藝作品，也有若干的石雕，主要造型以傳說中的漁神或手斧、座椅、石版等為主。利用椰子葉編織的草帽、草席與籃子等工藝品，精美實用，頗受收藏家或 觀光客的喜愛。

教育：庫克群島的教育制度主要採用紐西蘭的學制與課程；兒童從五歲至十五歲係義務強迫教育，從小學到高中都是免費。另外設有各種專門職業學校包括師範學校、商業學校、觀光旅館學校與護理學校。最高學府為總部在斐濟的南太平洋大學分校。

## 七、國外援助：

2001 年 5 月紐西蘭首先提供庫克群島發展援助計畫，目標在協助該國加強政府管理、永續經濟發展與改善基本社會服務。2003 年與 2004 年建設重點在外島的發展與人力資源發展。紐西蘭提供庫克群島的經濟援助高達 620 萬紐元，係該國的第一大援贈國，占所有雙邊援助

的 53％；澳洲援助僅次於紐西蘭，約為 150 萬紐元；其他如亞銀、加拿大基金、太平洋區域環境計畫、聯合國環境計畫與農糧組織等。

2000 年 6 月庫克群島與歐盟簽署 Cotonou 協定，接受歐盟及其亞洲、加勒比海與太平洋集團的經濟與技術援助。

# 第二節　密克羅尼西亞聯邦 (Federated States of Micronesia)

## 一、基本資料：

首都：Palikir

第一大城：Weno

語言：英文

政制：民主聯邦總統制共和國

獨立時間：1986 年 11 月 3 日脫離聯合國委託美國治理的託管地成
　　　　　為獨立國家

面積：702 平方公里

人口：11 萬 1,000 人（2009 年估計）

人口密度：每平方公里 158.1 人

GDP：3 億 4,100 萬美元（2009 年估計）

平均國民所得：2,664 美元

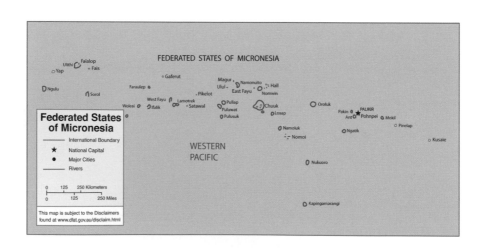

通用貨幣：美元

國際電話國碼：691

## 二、歷史：

　　早在四千年以前，密克羅尼西亞的祖先就在當地定居，而逐漸建立一個酋長制的分權政體，最後演變為以 Yap 島為中心的政治與宗教中央集權式的帝國。到了西元第六世紀與十六世紀之間，Saudeleur 王朝在 Pohnpei 島附近建立其權力中心，到該中央集權制的王朝崩潰時，其統治下約有 2 萬 5,000 人。

　　十六世紀葡萄牙探險家在尋找香料島時首先抵達卡洛林納群島 (Carolines)，接著西班牙人在當地建立主權，而在 1899 年售予德國，1914 年被日本占領，二次大戰期間美國占領並在 1947 年接受聯合國委託由美國治理太平洋島嶼託管地。二次大戰期間，日本艦隊在 Truk 潟湖建立基地。1944 年 2 月在 Truk 島一次最重要海戰代號為冰雹行動 (Operation Hailstone) 中，日軍的支援船艦與飛機全被殲滅。

　　1979 年 5 月 10 日四個託管領地批准一項新憲法建立了密克羅尼西亞聯邦。聯邦與美國簽署自由聯盟公約 (Compact of Free Association) 並在 1986 年 11 月 3 日正式生效，使密克羅尼西亞成由託管領地變為獨立國家。該公約在 2004 年續約。

## 三、地理：

　　密克羅尼西亞聯邦由 607 個島嶼組成，橫跨卡

洛林納群島 2,900 公里的海域。聯邦由雅普 (Yap)、楚克 (Chuuk,1990 年改稱 Truk)、波那培 (Pohnpei) 與寇斯瑞 (Kosrae，前稱 Kusaie) 等四個行政群島組成。其國旗上有四個星星，每顆星代表一個群島。首都在波那培島的巴利科 (Palikir)。

## 四、政治：

密克羅尼西亞聯邦依據 1979 年的憲法組成，憲法保障其人民基本人權並建立一個分權的政府。國會只有一院，十四位參議員直接由民選，每一邦選出一名，任期四年；另外十名參議員依人口為分別代表單一議員選區，任期二年。總統與副總統由國會從四個聯邦的參議員中選出，任期四年。他們所遺留的議席則舉行補選遞補之。

## 五、經濟交通：

密克羅尼西亞聯邦的經濟以農漁業為主；各群島除了有高品級的磷礦外，缺乏值得開採的礦產；1990 年代中國大陸的延繩釣漁船在該地區甚為活躍；雖然觀光具有潛力，但因地處偏遠，加上基礎設施不良限制其發展。美國承諾從 1986 年到 2001 年提供 13 億美元的經濟援助，成為該國最主要的國庫收入來源。

密克羅尼西亞聯邦的四個群島各有一個國際機場，對外交通尚稱方便。

## 六、種族、語言與文化：

　　密克羅尼西亞聯邦的土著主要是多種種族與語言群組成的密克羅尼西亞人，但幾乎是 100% 的太平洋島土著與亞洲裔。楚克人占 48.8%，玻里尼西亞人占 24.2%，寇斯瑞人占 6.2%，雅普人占 5.2%，亞洲裔占 1.8%，美拉尼西亞人占 1.5%，其他占 6.4%，不明者占 1.4%。少數族群中日本裔占相當比例，主要乃因日本人早期移民該地而日本殖民時期與當地人通婚。1990 年代美國、澳洲、歐洲、中國大陸與菲律賓人逐漸移入，人口成長率約 3% 抵銷該地外移的人口。

　　這個國家有七種官方語言，即英文、烏利斯語（Ulithia）、沃里愛語（Woleaian）、雅普語 (Yapese)、波那培語（Pohnpeian）、寇斯瑞語（Kosracan）與楚克語（Chuukese）。

　　四個邦聯雖各有其文化特色，但具有共同的傳統大家族 (extended family) 與宗族部落制度 (clan)。

## 七、國防與外交：

　　密克羅尼西亞是個主權獨立與行政自主的國家，但與美國組成自由聯盟，由美國協助其國防安全。在自由聯盟公約下，密克羅尼西亞人民可以自由加入美國軍隊而不需取得美國國籍或公民；也可以在美國就業或移民；美國也提供各種經濟與技術援助計畫。

# 第三節　斐濟 (Fiji)

## 一、基本資料：

首都：蘇瓦 (Suva)

語言：英文、斐濟語與印度語

政制：軍事議會與議會共和制

獨立時間：1970 年 10 月 10 日

　　　　　　1987 年 9 月 28 日改為共和國

面積：18,274 平方公里

人口：849,000 人

　人口密度：每平方公里 46.4 人

GDP：30 億 6,000 萬元（2009 年）

平均國民所得：3,464 元

通用貨幣：斐濟幣

網際網路國址：.fj

國際電話國碼：679

## 二、歷史：

從出土的陶瓷工藝品顯示在西元前 3500 年至 1000 年前，即有人類在斐濟定居；而第一次來自西方的航海貿易與移民在斐濟定居大約在五千年前。在文化上斐濟的文化類似於西太平洋，但和薩摩亞與東加等舊玻里尼西亞文化有深深的關聯。

經常不斷的戰爭與食人野蠻行為是早期的斐濟人生活的一部分；許多祭祀典禮上常見血淋淋的生殺人體堆積待食。這種兇狠殺戮的野人行

為使歐洲的水手對斐濟水域保持距離，並稱呼斐濟為野人島 (Cannibal Isles)。

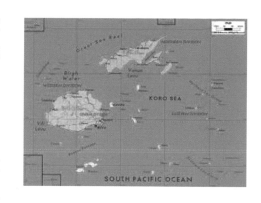

此外，外界對斐濟少有聽聞。1643 年荷蘭探險家 Abel Tasman 曾到過斐濟；十九世紀歐洲人開始在斐濟永久定居，這些人主要是傳教士、捕鯨者以及從事檀香木與海參貿易者。

1874 年英國征服斐濟建立為其殖民地並攜入大量印度的契約勞工從事蔗糖種植工作。首位的英國斐濟總督 Arthur Charles Hamilton-Gordon 採取禁止雇用當地勞工與不介入當地人文化及日常生活的政策。1970 年，英國准許斐濟獨立，1987 年因為斐濟政府被認為遭到印度裔斐濟人的壟斷引發兩次政變導致民主政制因而中輟。第二次軍事政變時，斐濟的君主立憲政府與總督被改為無實權的總統取代，國名也改為斐濟共和國。政變結果造成社會不安與大量印度裔的外移，人口銳減，經濟陷入困境，但確保了美拉尼西亞土著為多數人種。

1990 年，新憲法確立斐濟裔為政制的主要統治者；到 1992 年，於 1987 年主導軍事政變的首領 Sitiveni Rabuka 中校在新憲法下被選為總理。1995 年 Rabuka 成立憲法審查委員會，二年後通過新憲法，並受到斐濟土著與印度裔領導人的支持，斐濟重新加入大英國協。

千禧年時又發生由 George Speight 鼓動的軍事政變，成功地推翻了依 1997 年新憲法選出首位印度裔總理 Mahendra Chaudhry 的政府；海軍司令 Frank Bainimarama 強迫總統 Ratu Sir Kamisese Mara 辭職並取而代之。嗣後，斐濟又發生兩次兵變暴動，高等法院下令恢復憲法，並在

2001 年 9 月舉行大選以恢復民主,由代理總理 Laisenia Qarase 所領導的 Soqosoqo Duavata ni Lewenivanua 黨贏得大選執政。

2006 年 11 月底、12 月初,Bainimarama 又發動政變,向 Qarase 總理提出最後通牒要求赦免 2000 年政變參與者,並需在 12 月 4 日前接受所求否則必須去職;Qarase 悍然拒絕所請,12 月 5 日總統 Ratu Josefa Iloilo 在與 Bainemarama 會晤後簽署一項法令解散國會。

2009 年 4 月,斐濟上訴法院裁定 2006 年政變為非法,引發斐濟的憲法危機。總統 Iloilo 廢除憲法,並免去憲法下所有官員包括法官與中央銀行總裁等。他發布新命令 (New Order) 重新任命 Bainimarama 為總理,實施公共緊急法限制國內旅行,並對媒體實施新聞檢查。2009 年 7 月 13 日因為未能在規定日期舉行民主選舉,斐濟是第一個被驅逐出太平洋島國論壇的國家。同年 8 月 1 日斐濟成為第二個被中止大英國協會員國資格的國家。

## 三、人文地理與氣候:

斐濟涵蓋面積達 19 萬 4,000 平方公里,而土地面積僅有十分之一。斐濟是西南太平洋的樞紐,萬那度與東加的中途站。斐濟群島位於東經 176 度 53 分,西經 178 度 12 分。180 度子午線穿過其 Taveuni 島,而

國際換日線為了使斐濟全國時間一致而扭曲變形。

斐濟由 322 個島嶼組成，其中 106 個島有人居住，另有 522 個小島。最重要的兩個島為 Viti Levu 與 Vanua Levu，兩島占了全斐濟四分之三的土地面積。島嶼多山，海拔高達 1,324 公尺，山上有濃密的熱帶雨林。最高點為 Viti Levu 島上的 Tomanivi 山。首都蘇瓦就在該島上，島上人口占全斐濟的四分之三。另外重要城市有國際機場所在的南地 (Nadi) 與第二大城 Lautoka，擁有甘蔗糖廠與海港。

斐濟的氣候是熱帶海洋型，終年溫暖。溫和季節從 11 月到 4 月；寒冷季節從 5 月到 10 月，寒季平均溫度仍高達攝氏 22 度。

斐濟人口主要是美拉尼西亞人種的土著，占全國 54.3％；印度裔則占 38.1％；有 1.2％的 Rotuman 人種，其文化與東加或薩摩亞較接近。另外人口較少但經濟上較重要的有歐洲人、中國人與其他太平洋島嶼族群。這些太平洋島嶼族群約有 7,300 人，其中以東加人占最多。

斐濟土著與印度裔在政治上一直不睦；過去世代兩族群的緊張關係一直籠罩著斐濟的政治圈。

## 四、政治：

斐濟是國會代議式民主共和國，總理是最高政府首長，總統則是國

家元首，施行多黨政治制度。行政權在政府，立法權在政府與國會，司法權則獨立於行政與立法的三權分立政治。自從獨立後，斐濟共發生過四次的軍事政變，兩次在 1987 年，一次在 2000 年，一次在 2006 年。自 1987 年以來，軍方勢力就直接執政或是強烈操縱影響政府。

## 五、經濟、觀光與交通：

斐濟有豐沛的森林、礦產與漁業資源，是南太平洋島國中經濟較發達的國家。天然資源包括木材、魚、金、銅、海岸外石油與水力發電。1960 年與 1970 年代，斐濟的經濟曾有快速的成長，但 1980 年代逐漸遲滯，尤其 1987 年政變使經濟更加惡化。

觀光係斐濟重要的收入來源，每年有可觀的觀光客前來南地與 Denarau 島旅遊，觀光客主要來源為澳洲、紐西蘭與美國。斐濟有甚多的珊瑚礁岩，潛水是觀光客主要的活動。

在南地市北方 9 公里的南地國際機場是南太平洋島國的交通樞紐；第二個國際機場在首都蘇瓦東北 23 公里的 Nausori 國際機場。

## 六、文化、語言與宗教：

斐濟文化是融合本土、印度、中國與歐洲傳統的多元化社會體制，包括語言、食物、衣著、信仰、建築、藝術、工藝、音樂、舞蹈與運動

等各層面。在融合
土著、印度、中國、
歐洲與其他太平洋
島國文化下，產生
了獨特的社群與國
家的認同。

斐濟語係通行
於全國的一種南島
馬來與玻里尼西語系的語言。1997 年的憲法規定斐濟語、英語與印度
語為斐濟的官方語言；其間並有將斐濟語建立成為國語之議。

斐濟是個宗教信仰自由的國家，基督徒占 64.5%、印度教 27.9%、
回教 6.3%。錫克教 (Sikh)0.3%，其他與無宗教信仰分占 0.3%與 0.7%。

# 第四節　吉里巴斯 (Republic of Kiribati)

## 一、基本資料：

建國日期：1979 年 7 月 12 日。

首都：塔拉瓦 (Tarawa)。

面積：811 平方公里。

人口與種族：92,533 人 (2005 年人口普查)，人種多屬密克羅尼西
亞人，亦有少數玻里尼西亞人。

地理位置：位於中西太平洋赤道與國際換日線交會處，赤道貫穿其
吉爾伯特群島。

語言：英語及吉里巴斯語。

宗教：53% 人民信奉天主教，41% 信奉基督教 (Protestant)。

氣候：赤道熱帶海洋性氣候。

教育：九年國民義務教育。

通用貨幣：澳幣

國際網路國名代號：ki

國際電話國碼：686

## 二、歷史：

（一）吉國之吉爾伯特群島於三千年前即有人類定居，1606 年西
班牙人彼得‧費南德茲曾在該群島登陸，為吉國首度與歐洲人接觸。
1892 年吉爾伯特群島成為英國保護地，1916 年成為殖民地，二次世界
大戰時曾遭日本占領，戰後回歸為英國殖民地。

（二）1963 年英國任命吉里巴斯人士加入吉爾伯特群島之行政及
諮詢議會，為吉國邁向獨立自治之起源，1977 年開始實施自治，1979

年 7 月 12 日脫離英國獨立，改稱吉里巴斯共和國。

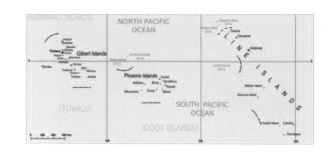

## 三、政體

　　吉里巴斯政體為一院制國會（House of Parliament），國會議員共四十六席，任期四年，其中四十四席由選舉產生，一席為檢察總長，由總統任命，另一席由斐濟 Rabi 島（居民為來自吉國 Banaba 島之移民）之市議員（Councilor）推選產生。

## 四、內政

### （一）政治體制及政治人物：

1. 行政：總統為國家元首及政府首長，係由國會推薦三至四位國會議員擔任候選人經普選產生，任期四年，最多可擔任三屆。總統可任命副總統、檢察總長及十名國會議員擔任部長組成內閣。

2. 立法：吉國國會每年有三個會期。政府施政向國會負責，國會負責審查政府預算及法案，監督政府行政。

3. 司法：行政部門有檢察總長辦公室，提供政府各部門法律諮詢意見，包括對外簽署之條約、協定及諒解備忘錄等，並負責蒐集證據起訴罪嫌；法院分三級，有地方法院（Magistrate Court，由地方法院法官審理罪刑較輕微之案件）、高等法院（High Court，由首席大法官審理罪刑較重之案件及自地方法院上訴之案件）及巡迴上訴法院（Court of Appeal，由三位紐

西蘭籍退休大法官組成，每年於 8 月間來吉審理自高等法院上訴之案件）。

## （二）重大內政議題：

**1. 因應氣候變遷造成之海平面上升問題**：吉國在地理上屬世界最大之珊瑚環礁，地勢低平，1989 年聯合國報告曾將吉國列為將因溫室效應導致海水上升而被危及之國家。根據多數科學家預測，至本世紀末，吉國可能將因海平面上升而不適合居住，迫使舉國他遷，故此為攸關吉國存亡之最重要議題。

2. **增加就業機會**：吉國失業率高達 70% 以上，因工作機會極少，多數青年在學校畢業後即失業，賦閒在家，故吉國政府當務之急為增加工作機會，提高就業率。

## （三）華人社會：

1. **一般情形**：吉國來自中國大陸之華人目前約有四十餘人，並無華人社團，惟因吉國漁業部之中太平洋水產公司已與上海遠洋漁業公司簽署成立合資公司，上海遠漁可能將派遣數十員工進駐塔拉瓦，倘加上家眷，大陸華人人數恐將激增。來自臺灣者，除大使館、技術團人員外，僅有臺商一人。

2. **華文教育**：吉國無華語學校。

## （四）媒體概況：

1. **報紙**：計有公營之 Uekera、RMAT 及民營之 Mauri、Newstar

等四家報紙，除 Uekera 報於每週二及五出刊外，其餘報紙均僅在每週五出刊。

2. **廣播**：Radio Kiribati AM ( 公營，屬廣播出版局，BPA) 與 New Air FM89 ( 民營，屬 Neways Enterprises)

3. **電視**：Television Kiribati Limited (TKL，為國營公司 )，提供澳洲 ABC、CNN 及當地自製新聞節目，無需繳納月費，僅需繳 90 澳元之天線裝設費。另有衛星電視 Sky Pacific，年費為 500 澳元。

## 五、外交政策：

（一）吉里巴斯追求獨立自主之外交政策，與太平洋地區之國家關係較為密切，為大英國協、世界衛生組織、太平洋島國論壇及國際貨幣基金等國際組織之成員，1999 年加入聯合國成為第 186 個會員國。

（二）除我國在吉國設有大使館之外，澳洲及紐西蘭均在吉國首府塔拉瓦設立高級專員公署 (High Commission)。英國原在塔拉瓦亦設有高專署，惟於 2005 年撤離。美國在吉國原派有和平工作團，在塔拉瓦及其他外島從事教育服務工作，惟亦於 2008 年 10 月撤離。此外，古巴於 2006 年 8 月在塔拉瓦設立大使館，派遣代辦一人，2011 年改派常川大使。另吉國於 2001 年 9 月首度派遣高級專員駐斐濟蘇瓦，為其唯一之駐外使館。另國際組織如 UNICEF、WHO 與 IMF 均在吉國設有辦事處。

## 六、經濟：

### （一）一般概況：

1. **產業概況**：產業幾全屬原始之原料生產，如椰乾、海藻、漁產品等，僅能作初步加工 ( 如椰油 )，故附加價值不高。另由於地處偏遠且交通不便，產品之運銷成本高昂，觀光業亦因交通問題及基礎建設不佳而不易發展。

2. **對外貿易**：2009 年進口總值為 85,913,000 澳元，主要產品為食物、汽車、油料、民生用品及電器用品，主要進口國為澳洲、斐濟、法國、紐西蘭、美國、中國大陸、瑞士及日本；2009 年出口總值約為 6,704,000 澳元，主要產品為魚翅、椰油、椰乾、海藻及海參，主要出口國 ( 地區 ) 為臺灣、香港、澳洲及斐濟。

3. **各國投資**：投資者主要來自美國、日本、英國、澳洲及紐西蘭，主要投資項目在於觀光產業、貨運、休閒魚釣及漁業。

4. **外債及外匯存底**：迄 2008 年 12 月 31 日吉國之外債為 20,048,853 澳元，皆為來自向亞洲開發銀行 (ADB) 之貸款；另吉國自其以往開採磷礦所得成立「收益平衡儲備基金」（RERF），作為平衡政府預算之財政工具，為吉國財政穩定

之基石，該基金上年深受全球金融危機之影響，損失慘重，目前金額估計為 5 億餘澳元。

5. **平均國民生產毛額 (nominal per capita GNP)**：2009 年吉國平均國內生產毛額 (GDP per

capita) 為 1,620 澳元。

## （二）重大經濟議題：

1. **椰乾產銷問題**：吉國盛
產椰乾，惟因運輸船隻
有限，自外島將椰乾運
送至首都塔拉瓦不易，
過去由於產銷制度不健
全，故造成椰乾囤滯於外島，堆置於倉庫而日漸腐壞。惟自
吉國請我國以年度援贈款協助清理及運送滯銷椰乾後，此一
問題已有改善，惟倘吉國不改進其產銷制度，問題仍將發生。

2. **吸引外國投資**：古國主要投資法令為 2000 年外國投資法及
2000 年外國投資規定，由於時空環境變遷，已不符今日所需，
爰亟須儘速修法改善，以獎勵及吸引外國投資，帶動國內經
濟發展，增加就業機會。

# 第五節　馬紹爾群島共和國 (The Republic of Marshall Islands)

## 一、基本資料：

首都：馬久羅 (Majuro)

官方語言：馬紹爾語、英文

政制：民主總統制

獨立日期：1986 年 10 月 21 日

面積：181 平方公里

人口：62,000 人

人口密度：每平方公里 342.5 人

GDP：1 億 1,500 萬美元

平均國民所得：2,900 美元

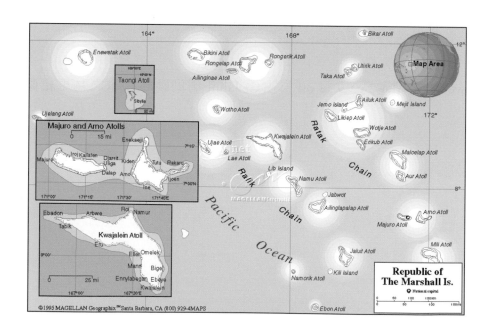

通用貨幣：美元

網際網路國碼：.m h

國際電話國碼：692

## 二、歷史

西元前 2000 年密克羅尼西亞人就已在馬紹爾定居，但早期歷史資料多不存。第一個發現該群島的歐洲人西班牙探險家 Alonso de Salazar 在 1526 年抵達該地。之後，不斷有西班牙船隻到該地區從事探險或貿易；1788 年船長 John Charles Marshall 與 Thomas Gilbert 抵達該群島。後來在俄國、法國與英國的地圖上將該群島以馬紹爾船長命名。西班牙將該群島宣布為西屬東印度主權管轄的一部分；1787 年西班牙在該地的主權受到國際社會的承認；1884 年透過教皇的協調西班牙將該群島賣給德國。1885 年，德國在該群島成立貿易公司，其後該群島成為德屬新幾內亞的保護地。

1914 年，第一次世界大戰期間日本加入三國協商，發現日本可以在中國與密克羅尼西亞獲取德國的殖民地。當年 9 月 29 日，日軍占領 Enewetak 珊瑚礁島，9 月 30 日占領 Jaluit 珊瑚礁島並建之為馬紹爾群島的行政中心。戰後，1919 年 6 月 28 日，德國放棄其在太平洋一切土地包括馬紹爾群島。1920 年 12 月 17 日國聯理事會同意日本接管德國在赤道以北所有的太平洋領地。德國在密克羅尼西亞有其經濟利益的考量，而日本則不同，日本取得的馬紹爾群島儘管地小資源又少，但有助抒解日本國內日增的人口壓力與住宅需求。在日本殖民期間，日本共移民一千多人到馬紹爾群島。日本並強制當地人受日本教育，研習日本語言與文化。1933 年 3 月 27 日，日本退出國聯但仍然繼續管理太平洋島國，並開始在地區多處島嶼建立空軍基地。馬紹爾群島成為二次大戰開

始時日本最東邊的國防據點，具有重要的戰略地位。

在珍珠港事變發生前，卡瓦家連 (Kwajalei) 島是日本第 6 艦隊的行政管理中心，負責對馬紹爾群島的防務。二次大戰期間，1944 年美國進攻並占領該島嶼，殲滅或孤立日本守軍。戰後，這些南太平洋島嶼成為美國的託管地。

從 1946 年到 1958 年，美國在馬紹爾群島共試驗核子武器 67 次，包括最大的一次核試，代號為「勇敢城堡」(Castle Bravo)。1956 年國際原子能委員會認定馬紹爾群島為史上最嚴重核子污染地。美國第一次氫彈試爆，代號「麥克長春藤」(Ivy Mike)，將 Nenwetak 珊瑚礁島上的 Elugelab 島整個毀滅了。

## 三、人文地理

馬紹爾群島由二十九個珊瑚礁島與五個孤立島嶼組成，其中二十四個島有人居住。群島可分為兩群，即 Ratak 鍊與 Ralik 鍊，中文意思分別為日出與日落。大部分島的土地都在水平面上。目前仍由美國管理的威克島 (Wake Island)，馬紹爾群島一直堅持為其領土。

馬紹爾群島的氣候炎熱與潮濕，雨季從 5 月到 11 月；且經常受颱風肆虐之苦。很多太平洋颱風起源於馬紹爾，逐漸向西往菲律賓方向增強。

馬紹爾人主要是密克羅尼西亞種與數千年前亞洲人的移入。有少數馬紹爾人有亞洲尤其是日裔的祖先。全國三分之二的人口住在首都馬久羅與 Ebeye。

## 四、政府

馬紹爾政府採取議會與總統混合制政體。議會為兩院制，每四年直接普選一次，共分二十四個選區；每選區選出一個或多個下院 (Nitijela) 議員 (首都馬久羅選出五名)；總統由下院三十三個參議員選出，係國家元首兼政府首長。上院稱為（Council of Iroij）是個諮詢機構，由十二位部落酋長組成。行政部門有總統與內閣，內閣部長由總統任命經下院同意。

目前馬國有三個政黨，分別為 Aelon Kein Ad(ΛΚΛ)、聯合人民黨 (United People's Party, UPP) 與聯合民主黨 (United Democratic Party, UDP)。

## 五、外交國防與經濟

1979 年馬紹爾群島政府正式宣布成立，成為獨立自主政府。1986 年，馬國與美國簽署自由聯盟公約，馬紹爾共和國成為主權獨立國家。依該公約，美國提供經援與防衛以換取美軍使用卡瓦家連礁島為飛彈試射場。

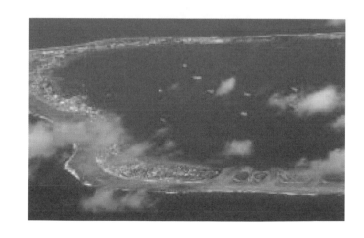

馬紹爾小國寡民，缺乏天然資源，進口遠大於出口。

2007 年馬紹爾加入國際勞工組織，此亦為其勞工法必須符合國際規定，從而影響該島的經商環境。該國所得稅僅有 8％與 14％兩種，公司稅則為 11.5％，銷售稅為 6％，沒有財產稅。

外援係馬紹爾主要經濟來源，依其與美國簽署的自由聯盟公約，美國每年提供馬國 5,700 萬美元經援直到 2013 年，嗣後到 2023 年每年增為 6,270 萬美元。美國陸軍在卡瓦家連珊瑚島上設有雷根彈道飛彈防禦試驗場，該基地付給地主可觀的地租並雇用大量的馬國人民。

工業幾乎不存在，僅有小規模的手工藝、魚加工與椰乾。1999 年有一家私人鮪魚加工廠，雇用四百多名員工。但在 2005 年因為企圖轉型生產鮪魚乾失敗而關閉。廠主請馬國政府合夥避免該場關閉為其拒絕。關閉後，馬國政府正式接收，並提供 200 萬美元的貸款紓困。

觀光為重要外匯收入來源，雇用約 10％的人力。自 1970 年起，大陸航空公司有從馬久羅與卡瓦家連到檀香山的班機。農業生產屬於小農制，較重要商業作物為椰子、蕃茄、香瓜與麵包果。

## 六、文化、教育、宗教與其他

馬紹爾人是天生的航海家，利用星星與貝殼枝條作的航海圖航行；同時他們也精於製作獨木舟，每年並舉辦獨木舟航行賽。

教育由馬國教育部在全國設立公立學校。全國僅有兩個大學，馬紹爾群島學院與南太平洋大學。

宗教方面，馬國人民幾乎都是基督徒。

# 第六節　諾魯共和國 (Republic of Nauru)

## 一、基本資料：

首都：雅連 (Yaren)

通用語言：英文、諾魯語

政體：總統制

獨立日：1968 年 1 月 31 日

面積：21 平方公里

人口：9,322（2010 年 7 月）

人口密度：每平方公里 441 人

GDP：3,690 萬澳元

平均國民所得：2,500 美元

通用貨幣：澳元

網際網路國家代碼：.n r

國際電話國碼：674

## 二、歷史

　　諾魯早在三千年前即有密克羅尼西亞人與玻里尼西亞人定居該地。
1798 年英國捕鯨船船長 John Fearn 是第一位發現該地的西方人，他把該

地稱為快樂島 (Pleasant Island)。諾魯是世界上最小的島國，面積僅有 21 平方公里。在十九世界末，德國占領該地並宣布為其殖民地。第一次世界大戰後，諾魯為國聯委託澳洲、紐西蘭與英國管理。二次大戰，日本軍隊占領諾魯，戰後又成為託管地，1968 年才宣布獨立。

二十世紀上半，諾魯成為靠出租度日的國家。諾魯是個磷礦石島，磷礦蘊藏接近土地表層，開採極為方便。1907 年開始，磷礦開始成為主要出口項目，1919 年由澳洲、紐西蘭與英國簽署諾魯島協定，成立英國磷礦委員會所組成的太平洋磷礦公司開始開採。

諾魯在二次大戰期間為美軍採取讓其自生自滅的政策，1942 年 8 月 26 日被日軍占領，在當地建立一個機場，1943 年 3 月 25 日首次遭美軍轟炸，以阻止食物補給運送到諾魯。日本將當地 1,200 名諾魯人遣送到 Chuuk 島當勞役；1945 年 9 月 13 日戰爭結束後，諾魯在當地的日軍向盟軍投降後終於得以從日本占領中解放；日本投降後，737 名在 Chuuk 島倖存的諾魯人，其遣回諾魯的任務由英國磷礦公司的船隻在 1946 年運送回諾魯。1947 年，聯合國委託澳洲、紐西蘭與英國託管諾魯。

1966 年諾魯成立自治政府，1968 年正式獨立。1967 年，諾魯人購買英國磷礦公司，改為諾魯磷礦公司仍持續開採直到 1980 年代蘊藏量採掘一空為止。因此在 1960 年代與 1970 年代初期，諾魯號稱是世界上主權國家平均國民所得最高者。當磷礦採掘盡淨後，其環境也因開礦而早已嚴重破壞。1989 年諾魯就磷礦開採破壞其環境向國際法庭提出對

澳洲訴訟，請求賠償。該案最後庭外和解，由澳洲協助礦區的重建。1990 年代，諾魯一度成為逃稅與非法洗錢中心。2001 年到 2008 年，諾魯接受澳洲的金援以換取澳洲在其境內建立一個處理與拘留企圖非法進入澳洲者的拘留中心。

2005 年 12 月到 2006 年 9 月，諾魯幾乎成為與世隔絕的國家，其對外空運交通停航，僅靠船隻航行。在臺灣的金錢援助下，其航空公司 Our Airline 重新復航。

## 三、人文地理

諾魯面積僅有 21 平方公里，係在西南太平洋上一個楕圓形島國。珊瑚礁環繞諾魯有最高點 (Topside) 之稱的中央高原；高原最高點號稱司令脊 (Command Ridge)，高於海平面 71 公尺。沿海狹窄帶狀的肥沃地區有茂密椰子林。環繞在 Buada 潟湖的土地是香蕉、鳳梨、蔬菜、林投果與當地硬木林。由於磷礦的過度開採，80%的土地遭破壞盡淨，從而影響其附近專屬經濟海域中的 40%的生物因磷礦與淤泥的流入污染而死亡。

諾魯缺少淡水，因其鄰近赤道與海洋，終年炎熱與潮濕。每年 11 月到 2 月是西南季風雨季。氣溫白天在攝氏 26 到 35 度；晚間為 25 到 28 度。雖然該國土地 80%高於海平面，但該地區在磷礦開採重建計畫實施前，

不適合人居。所以小島國的諾魯仍受氣候變遷與海水上升的影響。

## 四、政治與外交

　　諾魯係議會代議式政體，總統為國家元首兼政府首長，議會為單一院制，議員共有十八名，任期三年。國會經由議員選出總統，總統得任命五至六位內閣部長。諾魯並無政黨，國會議員大多為獨立人士，十八個國會議員有十五名為獨立派人士。與政府的合作都基於大家族親戚關係。有三個比較活躍的政黨分別為民主黨、諾魯第一黨與中央黨。

　　從 1989 年到 2003 年，諾魯政府經過十七次的更迭，而在 1999 年到 2003 年之間發生一系列的不信任投票與選舉，都是基於兩個政治人物 Rene Harris 與 Bernard Dowiyogo 之間的角力，輪替執政。2007 年 12 月 19 日 Marcu Stephen 成為諾魯總統。

　　諾魯的司法系統非常繁複。最高法院負責憲法議題，以首席大法官為首。其他案件可以上訴到由兩位法官組成的上訴法庭。不服上訴法庭的裁決可以向澳洲高等法院上訴。下級法院分地方法院與家庭法院，統由身兼最高法院書記的審理法官 (Resident Magistrate) 為首。此外，還

有兩個準法院，公務人員上訴委員會與警察上訴委員會，統由首席大法官為首。諾魯沒有軍隊，其國防由澳洲代理。

獨立後，1968 年諾魯加入英國國協為特殊會員，2000 年成為完全會員。1991 年加入亞洲開發銀行；1999 年加入聯合國；諾魯也是太平洋島國論壇、南太平洋區域環境計畫、南太平洋委員會與南太平洋應用地質委員會會員。美國大氣輻射丈量計畫在諾魯建立氣候觀測站。

　　諾魯與澳洲的外交關係十分密切，2005 年兩國簽署瞭解備忘錄，由澳洲提供諾魯財政與技術援助包括一位財政次長協助諾魯的預算，以及衛生與教育的顧問等。這些援助的交換條件就是准許澳洲在諾魯設立申請澳洲庇護者的居留中心。

　　諾魯利用其聯合國會員國的身分得以在中華民國與中華人民共和國之間交互承認以左右逢源坐收漁利。2002 年 7 月 21 日諾魯與中共簽署建交協定接受中共 1 億 3,000 萬的金援。2005 年 5 月 14 日中國民國臺灣與諾魯復交，同月 31 日與中共斷交；然而中共繼續維持其在諾魯的代表處。同樣地，諾魯是繼俄國、尼加拉瓜與委內瑞拉之後，第四個國家承認喬治亞獨立而獲得俄國 5,000 萬美元的人道援助。同年 7 月 15 日，諾魯宣布將在 2011 年完成港口整建計畫，該計畫由俄國資助 900 萬美元。

　　2001 年一艘挪威商船從一艘遭擱淺的 20 公尺小船上救起來自包括阿富汗等國的 433 名難民，尋求到澳洲靠岸庇護，經轉運到諾魯拘留中心等待處理。諾魯以此交換澳洲的金援。2008 年澳洲決定關閉諾魯該拘留中心，諾魯宣布將要求澳洲新的金援以舒緩對其經濟的打擊。

## 五、經濟

　　諾魯的經濟在 1980 年代達到高峰，完全仰賴磷礦的開採。諾魯政府將諾魯磷礦開採公司的收益一部分比率建立諾魯磷礦信託公司。該信託公司從事長期投資以便一旦磷礦開採枯竭後支撐該國人民。該公司在

海外投資的固定與流動資產因經營管理不善而大大減值，其他在澳洲的旅館、足球俱樂部、樂團等投資都告失敗。使該公司的財產從 1991 年的 13 億澳元到 2002 年減為 1 億 3,800 萬。2005 年又變賣在墨爾本的財產 Savoy Tavern 所在地，獲得 750 萬美元。目前該國政府還沒有財力支撐政府的基本運作。

諾魯沒有個人所得稅的徵收，其失業率高達 90％，公職人員占就業人口的 95％。在諾魯專屬經濟海域海釣鮪魚入漁費是其可觀的國庫收入。觀光因缺少資源與設施，乏善可陳。1990 年代，諾魯成為逃稅天堂並販售護照。2001 年到 2007 年，諾魯的拘留中心換取澳洲金援成為其國家的主要收入來源。

## 六、文化及其他

諾魯人是玻里尼西亞與密克羅尼西亞航海者的後裔，他們相信女神 Eijebong 與聖地 Buitani 島；每年 10 月 26 日是 Angam 日，慶祝二次大戰後諾魯人口逐漸從大戰期間僅有 1,500 人中恢復增加。諾魯受到殖民的影響本土固有文化消失，西方的文化影響頗大，舊有的風俗習慣都少有流傳。

諾魯的主要語言以諾魯語，英語則普遍流行並為政府與商業的通用語言。諾魯重要的族群分別為諾魯人（58％）、其他太平洋島民 (26%)、歐洲人 (8%) 與華人 (8%)。主要宗教為基督教，另有巴亥教 (Bahai，10％)、佛教 (9%) 與回教 (2.2%)。

諾魯憲法保障宗教自由，但其政府對某些宗教設限，如摩門教與耶和華見證教會。

諾魯識字率高達 96％，教育從五歲到十五歲是強迫義務教育；另

有二年非義務教育；
南太平洋大學在諾
魯設有分校。諾魯的
肥胖人口高居世界第
一位，97％的男人與
93％的女人有過胖症；
諾魯人罹患糖尿病二
型居世界第一。其人

民平均壽命，男人為五十八歲，女人為六十五歲。

在諾魯沒有日報，僅有一家雙週報與一家國營電視台，播放紐澳的
節目。此外，有一個國家廣播公司 Radio Nauru 播放澳洲廣播電台與英
國廣播公司的節目。

澳洲式足球在諾魯很盛行，其足球聯盟有七支球隊。其他如排球、
網球、舉重與釣魚是主要的體育活動。其選手曾在國協運動競技與夏季
奧運中獲獎。現任總統 Marcus Stephen 即曾為舉重獎牌得主。2003 年
獲選為國會議員，2007 年被選為總統。

# 第七節　紐埃 (Niue)

## 一、基本資料：

首都：Alofi

官方語言：紐埃語與英語

政體：君主立憲

獨立日期：1974 年 10 月 19 日成立自治政府並與紐西蘭簽署自由
聯合協定

## 二、歷史

最早移居紐埃的是西元 900 多年的薩摩亞人，十六世紀時又有來自東加的移入。十七世紀以來，當地一直是模仿薩摩亞與東加的世襲酋長制。第一位發現該地的歐洲人是 1774 年時的庫克船長，他經過三次嘗試登岸都被當地土著悍拒，所以他將這個島稱為野蠻島 (Savage Island)，他認為土著以血塗身方式迎接他，事實上當地人是塗以土產的紅色香蕉。紐埃的當地語意思是看那椰子樹 (behold the coconut)。後來，英國傳教士陸續抵達當地傳教並培養當地人成為牧師。

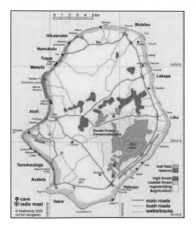

1887 年當時的酋長土王願意割讓主權給大英帝國，以免被另一個更兇殘的殖民帝國占領。但紐埃成為英國保護地時間很短暫，1901 年因紐西蘭併吞該地而告終。1974 年紐埃面對紐西蘭給予的三個選擇：獨立、自治政府或成為紐西蘭的領土一部分；經過公民投票後大多數選擇自治政府。

Robert Rex 一個歐洲土著混血被任命

為第一任總理，後來他一直擔任十八年直到逝世為止。

## 三、人文與地理

紐埃是南太平洋的島國，有玻里尼西亞岩石 (Rock of Polynesia) 之稱，當地土人簡稱為岩石。其土地面積有 260 平方公里，人口 1,400 人，大部分為玻里尼西亞族。雖然紐埃成立自治政府並與紐西蘭簽署有自由聯盟協定，但仍缺乏完全主權。它的外交關係由紐西蘭代理。2003 年紐埃成為世界上第一個 WiFi 國家，也就是說其全國人民享有免費無線上網的服務。

紐埃有三個外海經濟專屬區的珊瑚礁，分別是 Beveridge、Antiope 與 Haran 珊瑚礁。紐埃是世界上最大的珊瑚島之一，其地形在沿海為石灰涯，高出海平面 60 公分的中央高原；海岸附近有很多石灰岩洞成為特殊景觀。

紐埃島成橢圓形狀，在西海岸有兩個大海灣，分別是中央的 Alofi 灣與南邊的 Avatele 灣。兩者之間有個海角 Halagigie Point。紐埃島的土壤非常特殊，屬於熱帶風化土壤，含有高成分的鐵、氧化鋁與汞；具有相當高的天然輻射，但對人體健康並不夠成為害。

紐埃的氣候屬熱帶性氣候，雨季在 11 月到 4 月之間。

## 四、政治、國防與外交

紐埃政府的行政權依據其憲法是屬於紐西蘭的女王與總督而日常實際運作的行政權則由總理與另三位內閣部長行使。總理與內閣部長都是

紐埃的國會議員。國會共有二十個民主選出的議員,其中十四個有村落選區的選民選出,六個由所有選區登記的選民選出。選民必須為紐西蘭籍並居住至少三個月,候選人則必須具有選民資格且居住滿十二個月。

國會議長由國會在選舉後第一次國會開議時選出,議長接受總理人選的提名,由二十位議員中得票最高者出任;總理任命其他三名內閣部長組成內閣。國會議員大選每三年舉行一次。

司法獨立於行政與立法,下設有高等法院、上訴法院並可在不服判決時向在倫敦的樞密院提出上訴。

紐埃自 1974 年月 3 日公民投票後成為與紐西蘭簽署有自由聯盟協定的自治政府,內政完全自主但外交與國防由紐西蘭負責。紐埃在威靈頓設有代表團,是太平洋島國論壇會員與若干區域及國際機構的會員;紐埃不是聯合國會員國,但是是聯合國海洋法公約、聯合國氣候變遷框架公約、渥太華條約與 Rorotonga 條約的簽約國。

紐埃在 2007 年 12 月 12 日與中共建交,但根據其憲法紐埃有否權力與任何國家建交並不確定。而紐埃與中共建交公報顯然與負責其外交的紐西蘭政府有很大差異;紐西蘭與中共建交的公報只認知中國人民共和國對臺灣的立場,但紐埃則承認只有一個中國,而中華人民共和國係唯一代表中國的合法政府,臺灣係其不可分割的一部分。所以紐埃與中共的建交公報使得批評者

懷疑紐埃如何能不顧紐西蘭政府的勸告與其他國家建交併同時繼續享有自由聯盟的利益。

## 五、經濟

紐埃的人民從事農作除自給自足外，也賣到首都 Alofi 或出口至紐西蘭。紐埃的芋頭係粉紅色的在國際上具有口碑。紐埃的芋頭純天然、種類多，且不受蟲害。紐埃政府與紐西蘭政府在 2003 年與 2004 年合組公司從事鮪魚加工與諾力果汁生產以外銷海外為主。1970 年代與 1980 年代，紐埃在紐西蘭的僑匯是它的主要國庫收入來源，後來因為紐埃人全家族移民紐西蘭的日眾，僑匯因而銳減，反而因為小孩在紐西蘭受教育以及進口紐西蘭的貨品使得紐埃的匯錢至紐西蘭更多。外援主要是紐西蘭的經援也是紐埃國庫主要來源，但目前紐西蘭每年逐漸減少金援下，紐埃將來面臨自立更生的挑戰。

2003 年在紐西蘭的支持下，紐埃政府著手發展香草生產，雇用許多失業或待業的勞工。在貿易方面，紐埃正與其他太平洋國家籌組太平洋自由貿易協定，與歐盟簽署經濟伙伴協定以及與紐澳簽署 PACER 加紐澳協定。

農業方面除芋頭外，紐埃也生產樹薯、蕃薯與香蕉。1970 年代椰乾、百香果與檸檬是主要外銷的農產品。但到了 2008 年香草與諾力果汁成為主要出口農作。

觀光係紐埃三大優先發展項目之一，2006 年觀光總收入 160 萬美元，成為主要產業。紐西蘭航空每週有一班班機飛行於紐埃與紐西蘭之間，係唯一的空中交通。

歐盟協助紐埃發展再生能源，2009 年 7 月開始裝設在學校、醫院與電力公司。

## 六、文化、媒體與其他

紐埃是許多國際與紐西蘭著名藝術家與作家的家鄉。另在 Liku 南方 2 公里之地，在若干公司與組織支持下，成立了一個 Hikulagi 雕塑公園；紐埃政府特別成立一個單位 Taoga Niue 專責傳統文化的保存。

紐埃因人口少，僅有 TelevisionNiue 與 Radio Sunshsine 兩家傳播公司由紐埃廣播公司經營管理；一家報紙 Niue Star。紐埃國雖小，但多種體育運動頗盛行。它的橄欖球隊在 2008 年獲得大洋洲杯冠軍。另外排球、足球與草地保齡球也很流行。

# 第八節 帛琉共和國 (Republic of Palau)

## 一、基本資料：

首都：Melekeok

第一大城：Koror

官方語言：英文與帛琉語

政體：民主總總制共和國

總統：Johnson Toribiong

獨立日：1994 年 10 月 1 日

面積：459 平方公里

人口：20,879 人（2010 年統計）

人口密度：每平方公里 28.4 人

GDP：1 億 6,400 萬美元（2008 年）

平均國民所得：8,100 美元

通用貨幣：美元

網際網路國碼：. pw

國際電話國碼：680

## 二、歷史

帛琉群島又稱為黑色群島 (Black Islands)；三、四千年前即有來自菲律賓的移民。十八世紀時英國貿易商為該地重要訪

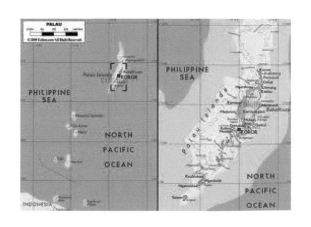

客，十九世紀西班牙影響增大。美國與西班牙戰爭後，西班牙在 1899 年將帛琉與卡羅來群島 (Caroline Islands) 大部分土地賣給德國；1914 年由日本控制，二次大戰期間在 1944 年又由美國接收，當時美國與日本在 9 月 15 日到 11 月 25 日一場血腥 Peleliu 戰場激戰下，雙方死傷慘重，美軍陣亡二千多人，日軍則一萬多人。1947 年在聯合國主持下正式將該地委託美國管理。

1979 年有四個託管地組成一個單一的密克羅尼西亞邦聯，但帛琉與馬紹爾群島拒絕加入。1978 年帛琉選擇追求獨立地位，通過新憲法在 1981 年建立帛琉共和國；1982 年與美國簽署自由聯盟公約。經過八次公民投票與一次憲法修正案，公約在 1993 年批准，並在 1994 年 10 月 1 日生效，帛琉原在 1994 年 5 月 25 日成為事實獨立的國家後，在當日成為法律上獨立國家。

## 三、人文地理

帛琉是世界最小與最新獨立的國家之一；其人口主要集中居住在 Angaur、Babeldaob、Koror 與 Peleliu 四個島上。全國三分之二的人口住在 Koror 島。帛琉屬熱帶氣候，全年平均溫度攝氏 28 度；全年有雨，每年下雨量 3,800 公釐。平均濕度 82%。因為在颱風區之外而少有颱風。

環境與環保問題係帛琉面臨的挑戰，非法使用炸藥捕漁、處理固體

廢棄物的設施不足、過度採砂與珊瑚礁的疏浚等造成嚴重環保問題；帛琉也與其他太平洋小國一樣，面臨海水上升造成對其沿海地區農作與飲水的威脅，另外也面臨飲水不足與農作生產不敷供應其人口所需消費的問題。帛琉也受到地震、火山爆發與熱帶暴風之侵襲；排水溝、由肥料與農藥所造成有毒廢料等的處理也是該國面臨的難題。

## 四、政治與外交

　　帛琉是總統代表制的共和政體，總統是國家元首兼政府首長。行政權歸屬政府，立法權則在政府與帛琉國家議會，司法權則獨立於行政與立法。

　　美國與帛琉自由聯盟公約主要重點在政府、經濟、國防與安全關係；帛琉沒有軍隊在自由聯盟公約下，必須仰賴美國維護其國防；美軍獲授權享有五十年進出帛琉；美國海軍在帛琉部署有限，僅有少數海軍建築工程部隊 Navy Seabees；但美國海岸防衛隊有相當軍力在該海域巡邏。

　　1994 年 12 月 15 日帛琉加入聯合國，後來陸續加入若干國際組織。2006 年 9 月，帛琉舉辦第一屆臺灣與太平洋友邦高峰會。美國在帛琉設有大使館，兩國並簽有自由聯盟公約，有美國的內政部島嶼事務司負責相關援助計畫。自 2004 年起，帛琉與美國及

以色列在聯合國每年大
會時對譴責美國對古巴
禁運決議案投反對票。

　　帛琉是太平洋島國論
壇與諾魯協定的會員國。
1981 年帛琉通過世界第
一個非核憲法，該憲法在
非經四分之三票決通過的
公民投票下，禁止使用、
儲存與處理核子、化學、毒氣與生物武器。此一憲法因為美國正與帛琉談
判自由結盟公約期間，美國堅持其核子驅動軍艦得以入境帛琉並能在其境
內貯存核子武器而延誤帛琉轉型為獨立主權國家。幾經多次公民投票未能
獲得四分之三多數贊成，帛琉人民最後在 1994 年批准該公約。

　　2009 年 6 月 10 日，帛琉宣布以人道考慮接受十七位囚禁在古巴官
達那磨島 (Guantanamo) 上美軍監獄之維吾爾（Uyghurs）人。帛琉駐聯
合國大使表示帛琉接受美國每名維吾爾籍囚犯 9 萬美元的金錢補償，作
為帛琉運送該批十七位維吾爾人的交通、食物、住宅與醫療補助直到他
們獲得工作為止而非傳言所說的 2 億美元。惟 William Cleary 在太平洋
日報撰文指出所謂帛琉戰俘安置交換美國金援報酬是誤導。

　　美國盼其國防部人員能駐在帛琉以平衡中共在太平洋的軍力擴張；
而帛琉盼能免於美國國內要限制其國民移民美國日益上升的壓力。 美
國在 2010 年 1 月同意額外援助帛琉 2 億 5,000 萬美元，取代前帛琉拒
絕的 1 億 5,600 萬美元。

## 五、經濟

帛琉主要經濟收入來源為觀光、基本農業與漁業。觀光主要是浮潛與潛水活動;觀光客來源主要是美國,每年約 5 萬名觀光客。觀光業前景因為亞洲經濟蓬勃與航空業發達,加上外國政府願意協助基礎建設而看好。

2004 年 7 月帛琉航空有飛往 Yap、關島、密克羅尼西亞、塞班島、澳洲與菲律賓等航線班機;後因油價上漲而於同年 12 月停飛。該公司轉而與 Asian Spirit 公司合作飛行於帛琉與菲律賓 Davao(每週一班)、經宿霧到馬尼拉(每週二班)之間;但不久又停飛。2010 年 5 月,Pacific Flier 飛行至克拉克、黃金海岸與關島。帛琉國際航空有直飛關島、臺北與馬尼拉班機;Delta 航空在 2010 年開始直飛日本東京。

2006 年 11 月帛琉儲蓄銀行宣布破產,同年 12 月 13 日,Palau Horizon 報告指出其 641 個存戶受到影響,其中 398 存戶存款少於 5,000 美元,其他的存戶存款在 5,000 美元到 2 百萬美元之間;該銀行透過帛琉政府向臺灣提出 100 萬美元求助經援以償付其存戶,臺灣政府同意協助。

帛琉的所得稅分三等級,分別為 9.3%、15% 與 19.6%;公司稅為 4%,而銷售稅為 7.5%,並沒有財產稅。

## 六、人口、宗教與其他

帛琉人口約 21,000 人,其中 70% 是美拉尼西亞、密克羅尼西亞與

馬來人混血的帛琉土著；很多當地人有亞洲血統因為其祖先在十九與二十世紀與亞洲移民通婚，主要為日本裔、菲律賓裔與少數華裔及韓裔。官方語言為英文與帛琉語；老一輩的也通日語。

　　帛琉人有四分之三是基督徒，8.7％基督與當地信仰混合，5.3％為安息教會信徒。

# 第九節 巴布亞新幾內亞 (Papua New Guinea)

## 一、基本資料：

首都：Port Moresby

官方語言：英語、Tok Pisin 語與 Hiri Motu 語

政體：君主立憲聯邦與議會民主

獨立日期：自治政府 1973 年 12 月 1 日

獨立日：1975 年 9 月 16 日

面積：46 萬 2,840 平方公里

人口：673 萬 2,000 人

人口密度：每平方公里 14.5 人

GDP：137 億 3,400 萬美元

平均國民所得：2,166 美元

通用貨幣：巴布亞新幾內亞 Kina

網際網路國碼：.pg

國際電話國碼：675

## 二、歷史

在巴布亞新幾內亞所發現人類的遺物證明在五萬年前即有人跡在該地。這些早期居民可能來自東南亞，而他們的原始祖先可能是五到七萬年前的非洲人。早在西元前 7000 年在新幾內亞就有農業的發展，當地是世界上少數有農業種植的地區。二千五百

年前南島語系的人種移入沿海地區，並引進陶器、養豬與釣魚技術。三百年前來自南非洲殖民地的葡萄牙人又引進蕃薯，由於蕃薯的多產，使它取代芋頭成為當地人民的主食，並促進高地上人口迅速成長。

過去當地有獵人頭與食人族的情事，但在 1950 年代高壓施政下，公開的食人族已經幾乎絕跡。

巴布亞係馬來語意思是捲毛，指美拉尼西亞人頭髮曲捲；而新幾內亞一語則是 1545 年西班牙探險家 Ynigo Ortiz de Retez 所取名，因為當地人很像他先前所見的非洲的幾內亞人。

一次大戰期間，該地為澳洲占領，並開始管理南部的英屬新幾內亞，1904 年重新命名為巴布亞。戰後，澳洲獲國際聯盟授權管理德屬新幾內亞。1942 年到 1945 年的新幾內亞戰役是二次大戰的主要戰役之一；該戰役中日本、美國、澳洲三國官兵陣亡人數高達 21 萬 6,000 多人。

1975 年 9 月 16 日，巴布亞新幾內亞脫離澳洲獨立並與澳洲保持親密關係；1975 年 10 月 10 日正式成為聯合國會員國。

1975 年到 1976 年 Bougainville 島發生分離暴動，結果以修改新幾內亞憲法容許該島與其他獨立前的十八個地區享有准邦聯的地位告終。1988 年後暴動不斷發生造成 2 萬多人死亡，直到 1997 年才停止。

2009 年 5 月巴布亞新幾內亞發生 1 萬多人的大規模反中國人暴動，

導火線是中國人與巴布亞新幾內亞人在中國人所建造的鎳工廠發生鬥毆，其遠因則是當地人對中國人經營小本生意搶走其商機積怨已久而一觸即發。

## 三、人文與地理

　　巴布亞新幾內亞位於西南太平洋的幾內亞島的東半部（西半部屬於印尼的巴布亞省與西幾內亞）以及無數的小島。巴布亞新幾內亞是世界上文化最多元的國家之一，它的人口不過 700 萬，而本土方言超過 850 種。也是世界上最鄉村的國家之一，僅有 18％的人口住在都市。該國在文化、地理上都是最未開發的國家，很多特別動植物品種僅存於巴布亞新幾內亞。

　　巴布亞新幾內亞是世界最複雜種族的國家之一，有上百種的土著即巴布亞人，其祖先在萬年前抵達該地；在偏遠地區的種族幾乎與外隔絕。其他種族有南海島民，其祖先在四千多年前移入該地。現在則有約 4 萬多名華人、歐洲人、澳洲人、菲律賓人、玻里尼西亞人與密克

羅尼西亞人。英文為官方語言，另兩個通用官方語言是 Tok Pisin 即新幾內亞洋涇幫英文，以及西巴布亞南部地區所通行的 Hiri Motu 語。平均約每 7,000 人講一種語言，是世界上除萬那度外第二大語言複雜的國家。

　　巴布亞新幾內亞的面積為 46 萬 2,840 平方公里，地理複雜，許多地方地勢崎嶇；新幾內亞高地是條山脈貫穿全島，人口稠密又多富熱帶雨林的地區。茂密的熱帶雨林遍布全國，由於山勢地形使得基本交通建設甚為困難。有些地區只有飛機為唯一的交通工具。全國最高峰為維爾漢姆山 (Mount Wilhelm) 高度海拔 4,509 公尺；全國四周珊瑚礁圍繞。熱帶雨林因過度砍伐，到 2021 年時，全國一半以上的雨林將遭嚴重破壞。1997 年到 2002 年之間由於砍伐氾濫，其雨林已毀壞四分之一。

　　巴布亞新幾內亞全國位在太平洋地震帶上，是幾個地板結構衝突點，有甚多活火山時常爆發，故地震相當頻繁，有時還有海嘯伴隨。這個國家的本土在新幾內亞島的東半部，其上有首都 Port Moresby 與 Lae 兩大城市。其他主要的島嶼有 New Irelan、New Britain、Manue 與 Bougainville。這是個靠近赤道但在高山上仍可見到飄雪的國家。

巴布亞新幾內亞人大部分居住在傳統社區過著基本維生的農業生活。1884 年以後經過三次外國勢力的統治，巴布亞新幾內亞在 1975 年始從澳洲脫離獨立；但仍以英女王為國家名義

元首。其人民過著極為窮困的生活，幾乎有三分之一的人口每天的生活費不到 1.25 美元。

新幾內亞係澳亞生態區的一部分，因此在當地很多鳥類與動物與澳洲有密切基因關係，最顯著的就是袋鼠與鴕鳥。這是巴布亞新幾內亞其他島嶼上因不與幾內亞相連而見不到的。

## 四、政治與外交

巴布亞新幾內亞是大英國協會員國，女王為國家名義元首，由總督代行其職權；但巴布亞新幾內亞與索羅門群島的總督與其他國協議會民主會員國不一樣，他是由議員選出而非總理提名經女王任命。

國會係一院制；法案由行政部門提出，經議會表決通後由總督同意後成立；法院權責在法律適用有爭議時，判決確定法律的合憲性，在開發中國家，巴布亞新幾內亞的司法相當獨立並受到歷任政府的重視。

## 五、經濟

巴布亞新幾內亞有豐富的天然資源，但是由於山勢崎嶇地形，高成本的發展基礎設施、各種法律與社會治安問題以及土地所有權歸屬等問題使得開發天然資源受到嚴重阻礙。農業是巴布亞新幾內亞的基本生計，有 85％人口靠此為生；礦產如石油、銅與黃金占其出口的 72％。另外它的咖啡也頗著名，其他還有可口、棕櫚油與茶葉。

2006 年 3 月聯合國發展政策委員會將經濟與社會遲滯不前的巴布亞新幾內亞的經濟分級從開發中國家降為最不開發的國家；嗣後，2008 年底，國際貨幣基金的評估認為巴布亞新幾內亞審慎的財政與金融政策以及國際礦產價格上揚，使得該國近年來的經濟成長活絡，其微

觀經濟相當穩定。

　　巴布亞新幾內亞的土地所有權問題影響該國經濟發展甚鉅，主要原因乃土地所有權大都屬於傳統習慣法所有人，投資設廠者在租賃土地上常遭到相當大的困擾，因為經過世襲遺產繼承常有大批家族人士都是土地共同所有人。很多在礦業公司與林業公司的外國投資者，常與土地所有者簽約後，仍無法確定誰才是真正土地所有人。在巴國相關法律上有習慣法土地所有權 (customary land title) 受到保障，也就是當地土人在法律上對傳統土地有不可剝奪的所有權。這樣的傳統土地約占全國97%，在國有土地地租下屬於私人擁有或國家所有。外國人是不能擁有土地的。

　　交通受地勢影響很不發達，主要運輸靠輕型小飛機的空運；全國除有兩大國際機場外，共有 578 個機場，其中大部分的跑道未鋪柏油或水泥。

## 六、文化教育與其他

　　據估計在巴布亞新幾內亞有一千多種不同文化組群，每個組群都有自創的藝術、舞蹈、武器、衣著、歌唱、音樂與建築的風格；早期以貝殼做為貨幣的習慣已在 1933 年廢止；但在若干區域仍還存在，如要結婚，新郎必須準備金邊的蚌殼為給新娘的聘禮；有的地區新娘必須準備嫁妝包括貝殼錢、豬、火雞或現金。

　　在高原的部族會舉行當地多采多姿的祭典，稱為 sing sings；他們在身上圖上五顏六色，穿戴羽毛、珍珠與動物皮以象徵鳥、樹或山神。

　　巴布亞新幾內亞人的宗教信仰主要是基督教，占全國人口 96％但其中很多人結合基督教與當地傳統的信仰方式。

瘧疾是新幾內亞主要死亡原因，約有173萬案例。另巴布亞新幾內亞的愛滋病患人數是太平洋地區最高者；對於愛滋病認識不足，是問題的主要癥結。

體育運動在巴布亞新幾內亞非常盛行，最受歡迎的是橄欖球。尤其每年一度的對澳洲橄欖球賽為其國人最瘋狂的時刻，常常因為球迷對支持隊伍的不同發生鬥毆而造成死亡事件，但仍不減當地人對該球賽的興趣。其他的流行體育運動項目還有足球與板球。

大部分的巴布亞新幾內亞人是文盲，尤其女性為最。全國有六所大學，大部分的教育由教會辦理。

# 第十節 薩摩亞 (Independent State of Samoa)

## 一、基本資料：

首都：阿比亞 (Apia)

官方語言：薩摩亞語、英語

政體：議會共和制

獨立日期：1962 年 1 月 1 日從紐西蘭脫離

面積：2,831 平方公里

人口：17 萬 9 千人（2009 年統計）

人口密度：每平方公里 63.2 人

GDP：10 億 4,900 萬美元（2009 年）

平均國民所得：5,782 美元

通行錢幣：Tala

網際網路國碼：.ws

國際電話國碼：685

## 二、歷史

薩摩亞人的來源專家眾說紛紜，莫衷一是；歐洲人與薩摩亞接觸在十八世紀初，1772 年荷蘭人 Jacob Roggeveen 是首先發現薩摩亞的歐洲人。後來法國探險家 Lous-Antoine de Bougainville 在 1768 年抵達該地，將之命名為航海家之島。1830 年末，英國傳教士開始在該地傳教；當時的薩摩亞以野蠻、鬥狠與殘暴聞名，十九世紀末常常與利用當地作為加煤站的英國、德國、法國與美國捕鯨船隊人員發生武力衝突；薩摩亞還以獵人頭作為戰爭儀式的獻祭著稱，以顯示獵者的武勇。

德國尤其對薩摩亞群島的商業利益特別重視，在 Upolu 島獨占了椰

乾與可可豆的加工業；美國則與 Tutuila 島與 Manu'a 島當地酋長結盟，後來此兩個島成為美屬薩摩亞。德英美三國後來都捲入為期八年的薩摩亞內戰，三國都派戰鬥部隊、提供軍火或軍事訓練不同的薩摩亞交戰各方。三國又分派遣艦隊到阿比亞港，劍弩拔張，大戰有一觸即發之勢，後來所幸因颶風侵襲摧毀或損害艦隊而避免一場軍事衝突。

二十世紀初，美英德三邊公約 (Tripartite Convention) 決議將薩摩亞分為兩部分，東邊的群島成為美國的領土；西邊群島在英國宣布放棄其權利而接受德國在東加、部分索羅門群島與西非的權利為條件後成為德屬。1914 年 8 月 29 日紐西蘭軍隊登陸 Upolu 島取代德國而控制該島。從第一次世界大戰結束到 1962 年，在國際聯盟的委託下薩摩亞成為紐西蘭的 C 級託管地。在紐西蘭的統治下，薩摩亞發生兩次重大事件，一個是 1918 年到 1919 年的流行性感冒造成五分之一的薩摩亞人死亡。另一個是和平示威運動的興起。

1900 年代初期，薩摩亞即醞釀非武力的和平示威運動，運動由演說家 Lauaki Namulauulu Mamore 倡導，號稱 Mau 運動。Lauaki 後來被捕並放逐到塞班，於 1915 年返回薩摩亞歸途中死亡。1918 年，紐西蘭治理當地 38,000 名薩摩亞人與 1,500 名的歐洲人。1920 年代反抗紐西蘭殖民管理當局不公平對待薩摩亞人的運動獲得普遍的支持。1929 年 12 月 28 日 Mau 運動領導人 Tupua Tamasese Lealofi 領導其同志在阿比亞市中心發動和平示威，示威群眾與紐西蘭警察發生衝突，警察乃肆意對

群眾開槍以驅離 Mau 示威者，示威領導人 Tamasese 中彈身亡；另 10 人亦死亡，50 人被警察開槍或警棍打擊而受傷。當天在薩摩亞被稱為黑色星期六。嗣後和平運動仍繼續擴大成長，經過無數次的努力，西薩摩亞終於在 1962 年獲得獨立，並與紐西蘭簽署和平條約。薩摩亞成為太平洋第一個獨立的國家。

1997 年 7 月，薩摩亞修改憲法將國名從西薩摩亞改為薩摩亞，此舉遭到美屬薩摩亞的抗議，認為造成兩者混淆不清。所以，美屬薩摩亞仍然沿用西屬薩摩亞稱呼薩摩亞。實際上，兩個薩摩亞在語言與種族相同，但在文化發展上各行其道，西屬薩摩亞人傾向移民紐西蘭，其愛好運動以橄欖球與板球為主；美屬薩摩亞則傾向移民夏威夷與美國本土，喜歡玩美式足球與棒球。

## 三、人文與地理

薩摩亞在國際換日線之東，赤道之南、紐西蘭與夏威夷之中間。全國總面積 2,934 平方公里，由占全國總面積 99％的兩大群島 Upolu 與 Savai'i 以及八個小島組成。Upoluq 群島的本島人口占全國四分之三，首都是阿比亞。

薩摩亞的氣候是赤道季風型，平均溫度攝氏 26.5 度，雨季從 11 月到 4 月。Savai'i 島為最大島，人口有 42,000 人。全國人口 182,265 人，

926%是薩摩亞人，7%是歐洲與玻里尼西亞混種，其他 0.4%是歐洲人。

薩摩亞群島係因火山運動形成，其運動主要動源是溫泉，可能是地殼與地核心產生的熱水柱 (mantle plume) 造成。群島中只有 Savai'i 島是活火山，最近其上的 Matavanu 在 1905 年到 1911 年曾爆發過。全國最高點為 Silisili 山，海拔 1,858 公尺。

## 四、政治與外交

薩摩亞原名為西薩摩亞與德屬薩摩亞，在南太平洋薩摩亞群島的西邊部分；1962 年脫離紐西蘭獨立。它有兩個主要島嶼，一個是 Upolu 島，首都阿比亞與 Faleolo 國際機場即在該島；另一個是玻里尼西亞中最大島之一的 Savai'i 島。薩摩亞在 1976 年 12 月 15 日加入聯合國；整個薩摩亞群島包括美屬薩摩亞，因為薩摩亞人航海技術，在二十世紀前被歐洲探險家稱之為航海家之島。

1960 年的薩摩亞的憲法採英國的議會民主，並納入薩摩亞當地的風俗習慣，196 年獨立後正式生效。它的政府當地語稱為 Malo。首任總理為 Fiame Mata'afa Faumuina Mulinu'u；他是四位最高酋長之一。另兩位最高酋長在獨立時被任命為終身國家共同元首；Tupua Tamasese Mea'ole 在 1963 年 逝 世，剩 下 Malietoa Tanumafili 二世成為唯一的國家元首，直到 2007 年 5 月 11 日時薩摩亞轉型成為共和國。2007 年

6 月 17 日 Tuiatua Tupua Tamasese Efi 被國會選為總理。

薩摩亞的議會是一院制，由四十九位議員組成，任期五年；四十七名議員擁有酋長（matai）頭銜由薩摩亞人選出；另二名則由非薩摩亞人在不同的選舉名單內選出。1990 年擴大普選但仍只有酋長有資格參選議員。全國有 25,000 名酋長，其中僅有 5%的女性。總理由議會以多數票選出，經國家元首任命組閣，閣員共有十二個部長，由總理提名而由國家元首任命。

司法制度也以英國習慣法與當地的風俗為本。最高法院為最高司法機構，其首席法官由總理提名國家元首任命。

## 五、經濟

薩摩亞經濟以傳統的農漁業為主，目前外國援助、海外匯款與農產品出口成為主要經濟收入來源。農業雇用全國三分之二的勞力而農產品占全國出口的 90%；主要農產品為椰奶、可可、椰油、noni 汁與椰乾。工業除了有一家大型的自動鐵絲製造廠外，只有農產品加工；觀光業則在成長中，占全國 GDP 的四分之一，2005 年觀光客高達 10 萬人。

薩摩亞政府提倡法令鬆綁、鼓勵投資與財政管理，勞工市場富彈

性，成為經濟發展的重要利基，加上很多的旅館設施投資、太平洋其他國家政治不安定，以及薩摩亞政府與維京航空公司 (Virgin Airlines) 合夥在 2005 年成立 Polynesia Blue 航空公司大大助長薩摩亞的經濟發展。

薩摩亞土地肥沃，在德國殖民期間，生產大量的椰乾，德國商人又引進大規模的新興工業包括可可豆與橡膠，引進大量華人與美拉尼西亞勞工。紐西蘭殖民政府時期則鼓勵種植香蕉。因為地勢高度變化很大，所以可以生產熱帶與副熱帶的農作物。主要農產品為椰乾、香蕉與可口豆，椰乾與香蕉每年產量在 13,000 到 15,000 公噸之間。可可的品質非常良好，主要外銷到紐西蘭供作巧克力用。

## 六、文化、體育與其他

儘管薩摩亞受歐洲文化影響很深，其傳統文化仍深植在其人民的生活與政治中。薩摩亞傳統頒授酋長儀式仍然盛行，精緻的傳統織繡具有極高的文化價值。其神話傳說具有各種不同神祗。雖然 98％的薩摩亞人皈依基督徒，傳統信仰與風俗習慣同時並存。

薩摩亞人習慣於共有生活，尤其以體育活動為然。所以他們的住宅都開放而沒有牆壁，夜間以椰子葉作遮蔽並防雨；薩摩亞人喜歡傳統刺青，男性的稱為 pe'a，以各種複雜的幾何圖形刺成，刺青部位從膝蓋到腰部；女性稱為 malu，

從膝蓋到上臀。

　　薩摩亞名作家 Alber Wendt 專寫小說與故事，他在 1989 年出版的小說《*Flying Fox in a Freedom Tree*》在紐西蘭被拍成電影，由 Martyn Sanderson 導演；另一本小說《*Sons for the Return Home*》也在 1979 年由導演 Paul Maunder 拍成特寫電影。其他一位作家 Sia Figiel 獲得 1997 年國協作家獎。熱門樂團有 The Five Stars, Penina o Tiafau 與 Punialava'a。在海外的薩摩亞傑出的藝術家包括舞蹈、導演、歌唱、電影與作家等不乏其人。

　　運動方面，橄欖球最為盛行，另板球與排球亦頗流行。其橄欖球隊自 1991 年起每年都打進世界杯橄欖球賽；1991、1995 年曾打入半決賽；1999 年進入決賽；2003 年世界杯，薩摩亞幾乎打敗最後的冠軍隊英國隊。薩摩亞人在拳擊、摔角與相撲方面亦很出色；最有名的就是 Masuashimaru 與 Konishiki 相撲選手，曾獲得最高級的 Ozeki 與 yokozuna。

# 第十一節　索羅門群島 (Solomon Islands)

## 一、基本資料

首都：Honiara

官方語言：英文

政體：君主立憲與議會代議制

獨立日：1978 年 7 月 7 日

面積：28,400 平方公里

人口：523,000（2009 年）

人口密度：每平方公里 18.1 人

GDP：10 億 5,140 萬美元（2009 年）

平均國民所得：2,818 美元

通用貨幣：索羅門幣

網際網路國碼：.sb

國際電話國碼：677

## 二、人文與地理

　　索羅門群島是由多島所組成包括：Choiseul, the Shortland Islands; the New Georgia Islands; Santa Isabel; the Russell Islands; Nggela(the Florida Islands); Malaita; Guadalcanal; Sikaiana; Maramasike; Ulawa; Uki; Makir; Santa Ana; Rennell and Bellona; the Santa Cruz Islands 與三個遙遠的小島 Tikopia, Anuta 以及 Fatuaka。

　　索羅門群島在南緯 5 度到 13 度，東經 155 度到 169 度之間；最西到最東的島相距 1,500 公里。屬於海洋赤道型氣候終年非常潮濕，平均

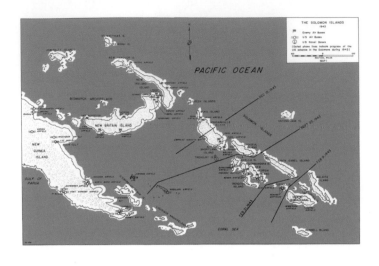

氣溫攝氏 27 度。土質有相當肥沃的火山土壤到相對貧瘠的石灰岩土壤。該國因為擁有二百三十多種蘭花與熱帶性花卉增色不少。群島上有幾座活火山與休火山。

在索羅門 55 萬多的人口中，有 94.5%是美拉尼西亞裔、3%玻里尼西亞裔、1.2%密克羅尼西亞裔以及其他族群。華人約有數千人。英文雖為官方語言，只有 1%到 2%人口通英文，地方方言多達七十種。混合語是索羅門土話。

## 三、歷史

西元前三萬多年已有說巴布亞語的民族抵達索羅門定居，到西元前 4000 年，南島文化的民族開始移入並將設有舷外支架的船引進。約西元前 1200 年到 800 年，玻里尼西亞人的祖先攜帶他們的陶器文化移居該地。1568 年第一位歐洲人到達該地的是從秘魯航行到該地的西班牙航海家 Alvar de Mendana de Neira。十九世紀從澳洲昆士蘭與斐濟粗暴式的引進糖廠勞工導致發生一系列的抗爭與屠殺。勞工貿易產生的惡果使得英國在 1893 年 6 月宣布將南部索羅門列為其保護地。

1889 年起英國逐漸併吞原屬於德國管轄的各外島，除了 Buka 與

Bougainville 兩個島仍歸德國管轄下，其他盡併入英國保護地。二十世紀初，英國與澳洲公司開始大規模椰子種植；然而，經濟成長緩慢，且當地人受益有限。

二次大戰期間，盟軍與日本皇軍在索羅門發生幾次最慘烈的交戰；其中最著名的為 1942 年 8 月 7 日盟軍對日皇軍發動海軍轟炸與兩棲登陸佛羅里達島的 Tulagi 與 Guadalcanal 島的紅海灘。Guadalcanal 戰役成為太平洋戰爭盟軍在驅逐日軍中重要與血淋淋的戰鬥。36,000 多名日本守軍中 26,000 名被殲滅；9,000 多名死於疾病而 1,000 多名被俘。索羅門成為聞名的 Greg Boyington 少校所指揮的 VMF-214 黑羊中隊的停泊基地。當時有兩位索羅門島民 Biuku Gasa 與 Eroni Kumana 首先發現約翰‧甘乃迪與其同仁的艦艇 PT-109 發生船難，他們建議使用椰子寫上求救消息交由獨木舟傳送，這顆椰子在甘乃迪當上總統後陳放在他的辦公桌上。

索羅門群島在 1976 年成立自主政府，1978 年 7 月 7 日獲得獨立。首任總理是 Sir Peter Kenilorea，索羅門仍然保有君主政體。

索羅門群島內戰頻仍，主要在於 Istabu 自由運動的 Guadalcanal 革命軍與 Malaita Egle Force 及 Marau Eagle Force。1998 年秒，Guadalcanal 島的革命軍開始對 Malaitan 島的居民進行威脅與暴力騷擾。次年，成千的 Malaita 島民逃回 Malaita 或首都 Honiara。1999 年並成立 Malita Eagle

Force 以資對抗。由 Bartholomew Ulufa'alu 所領導的改革派政府對這個複雜的內戰衝突採取回應；1999 年政府宣布進入為期四個月的國家緊急狀況，同時也進行多項調停的努力但都功敗垂成。他曾向紐澳政府求助但被婉拒。

2000 年 6 月 Ulufa'alu 為 Marau Eagle Force 綁架，他們認為雖然他是 Malaitan 人，但沒有充分保護他們的利益。Ulufa'alu 因此辭職以換取獲釋。後來，前財政部長 Manasseh Sogavare 加入反對黨，並以 23 比 21 的些微票數擊敗對手 Leslie Boseto 被選為總理；但此一選舉不久因為六位支持 Boseto 的國會議員被拒絕出席國會投票而籠罩在衝突四起的氣氛。

2000 年 10 月，Malaita Eagle Force、Isatabu Freedom Movement 與索羅門政府簽署 Townville 和平協定。隨後在 2001 年 2 月 Marau Eagle Force、Isatabu Freedom Movement、Guadalcanal 省政府與索羅門群島政府簽署 Marau 和平協定。然而，Guadalcanal 革命軍領袖 Harold Keke 拒絕簽署該協定，導致 Guadalcanal 派分裂；因此，Guadalcanal 派簽署協

定的領袖 Andrew Te'e
與 Malitan 警察部隊合
組聯合行動部隊 (Joint
Operations Force)。

2001 年 12 月的選
舉，Allan Kemakeza 在
他領導的人民聯合黨
(People's Alliance Party)
與其他獨立派聯盟的支
持下獲選為總理。但時索國的法律與次序卻每下愈況，而衝突的本質也
有所改變。在 Weathercoast 方面暴力繼續滋長而在首都 Honiara 軍方也
將其注意力轉向犯罪與脅迫。財政部常常因為經費抵達時而遭受到武裝
人士的包圍；2002 年 12 月，財政部長 Laurie Chan 因在槍口脅迫下簽
署支票給軍方人士而辭職；西邊省分的當地人與 Malaitan 移民也爆發衝
突。Bougainville 革命軍的叛黨份子被邀請提供保護，但往往成事不足
敗事有餘，平添更多麻煩。

在無法律狀況、暴力脅迫盛行與警察毫無效力的氛圍下，索國政府
正式向外求援。2003 年 7 月在澳洲領銜的區域協助索羅門任務 (Regional
Assistance Mission to Solomon Islands, RAMSI) 贊助下，澳洲與太平洋島
國的警察與軍人抵達索羅門。次月，由紐澳領導一支來自二十多個太
平洋島國所組成為數 2,200 名龐大的國際安全部隊，在代號 Operation
Helpem Fren 下，抵達索羅門協助維持和平。索羅門自獨立數十年來從
未有統一和平的一日。

2006 年 4 月一項對 Snyder Rini 接受中國商人賄賂向國會議員買票

的指控導致首都群眾暴亂。群眾對少數的中國商人不滿導致中國城完全被毀。謠傳大批金錢被匯到中國使得緊張情勢更為升高,中國派遣專機撤回數百名華人。Rini 最後在面對國會不信任案下決定辭職,國會另選出 Manasseh Sogavare 繼任總理。

## 四、政治、外交與軍事

索羅門是個君主立憲與議會代議的政體。英女王伊利莎白二世係名義的國家元首,她的代表是總督,由國會選出任期五年。國會為一院制,共有五十名國會議員,任期四年。國會可以國會議員多數決解散國會。國會代議制是單一選區一個議席制。總理是政府首長,由議員選出,任命國會議員擔任內閣閣員。

索羅門政府的特色是政黨薄弱,聯合議會非常不穩定;常有不信任案投票,政府領導更迭頻仍。索羅門群島沒有軍隊,僅有為數 500 多名警力。警察總監由總督任命而對總理負責。2007 年 12 月 13 日,總理 Manasseh Sogavare 因國會通國不信任投票又有五位閣員倒戈而倒閣,這是索羅門政治史上第一遭。12 月 20 日國會以 32 票對 15 票選出反對黨候選人 Derek Sikua 為總理。

索羅門是聯合國、大英國協、南太平洋委員會、南太平洋論壇、國際貨幣基金與歐盟／非洲、加勒比海與太平洋國家洛美公約 (Lome Convention) 會員國。

索羅門承認中華民國並在聯合國強力支持臺灣。但是臺灣與中國大陸雙方均以有利的投資、政治捐款、特惠貸款等方式大幅提升其對索國政治版圖的影響力。

## 五、經濟

索羅門平均國民所得僅有 600 美元是世界上最落後的國家，75％的人力都從事維持基本生計的農業與漁業。所有製造品與石油都仰賴進口，木材是索國出口之大宗，但已面臨瀕臨過度砍伐之虞。椰乾與棕櫚油亦是出门外匯的來源；一度在 Guadalcannal 的金山脊 (Gold Ridge) 發現金礦，1998 年由澳洲 Ross 礦業公司開始開採，其他礦產也陸續探挖，但後來因為 2000 年 6 月的種族暴動，使得椰乾、棕櫚油與金礦都暫停出口。索羅門擁有豐富而未開發的天然礦產如鉛、鋅、鎳與金礦。

索羅門的漁業提供該國出口與經濟拓展的契機，但唯一的一家與日本合夥公司 Solomon Taiyo 公司，從事製罐生產，也因為 2000 年的種族暴動而關閉。潛水係具有觀光潛力的資源，但因為基本設施太差與交通限制而無法發展。

到 2002 年，索羅門政府財政破產，2003 年由於 RAMSI 的介入，索國政府重新編列預算。在澳洲的支持下，重新整頓與談判國內債務，並尋求國外債務重新談判；索國主要捐贈國為澳洲、紐西蘭、歐盟、日本與臺灣。

## 六、文化、教育、宗教與其他

索羅門沒有義務教育，只有 60％的小孩進入小學。政府的教育預算僅有 9.7％；教育部與人力資源部各項擴充教室設施與增收學生的努力興革措施因為缺乏政府財政支援、錯誤的教師訓練計畫、協調不良與政府付不出教師薪水而功敗垂成。南太平洋大學在該國設有分校，巴布亞新幾內亞大學也在 Guadalcanal 設有分校。

傳統風俗習慣與文化都是代代相傳；基督徒占 97％包括各不同教派與天主教，其他 2.9％為土著信仰；索羅門人的平均壽命 66.7 歲，男人平均為 64.9 歲；女人生育率平均 5.5 個小孩。

廣播電台是索羅門最具影響力的媒體，電視則部分地區收視不良。索羅門群島廣播公司設有國家電台 Radio Happy Isles 與 Wantok FM；另有地方省台 Radio Happy Lagoon 與 Radio Temotu。商業電台有 PAOA FM。報紙方面則有索羅門星報與每日電子報 Solomon Times Online，二份月報 Agrikalsa Nius 與 Citizen's Press。沒有電視台，但有衛星電視可收看澳洲 ABC 與英國 BBC 電視新聞。

體育與運動在索羅門以足球為最盛，其國家足球隊 Kurukuru 曾在 2008 年贏得大洋洲區域冠軍，代表參加當年在巴西舉行的世界杯足球賽。該隊隊長 Elliot Ragomo 在 2009 年 7 月對新喀里多尼亞比賽時在開球三秒鐘即踢進門得分，創下世界最快的分的紀錄。索羅門的沙灘足球隊，Bilikiki Boys，據統計是大洋洲最成功的球隊曾贏得三次冠軍而代表參加世界杯沙灘足球賽，該隊在世界排行榜上列居第 14 名。

# 第十二節 東加 (Kingdom of Tonga)

## 一、基本資料：

首都：Nuku'alofa

官方語言：東加語及英語

政治：君主立憲

獨立日期：1970 年 6 月 4 日

面積：748 平方公里

人口：10 萬 4,000 多人

人口密度：每平方公里 289 人

GDP：7 億 2,800 萬美元

平均國民所得：7,060 美元

通用貨幣：東加幣 (Pa'anga)

網際網路國碼：.to

國際電話國碼：676

## 二、歷史

早在西元前 1500 年到 1000 年前，即有所謂的拉比塔 (Lapita) 文化族群進入東加並殖民該地，而東加第一次與歐洲的接觸是在 1616 年荷蘭商船 Eendracht 號到該島作短暫貿易停留。十二世紀，東加在雄才大略的首長 Tu'Tonga 領導下，聲名遠播中太平洋，史稱東加帝國。到

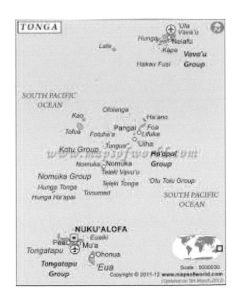

十五世紀與十七世紀曾爆發內戰。之後，歐洲探險家旋踵而來，先後著名的有 1616 年荷蘭的 Willem Schouten 與 Jacob Le Maire，1643 年 的 Abel Tasman，1773、1774 與 1777 年 的庫克船長，1793 年的西班牙海軍艦長 Alessandro Malaspina，以及後來的英國傳教士。

　　1845 年具有野心的青年戰士、戰略家與演說家 Taufa'ahau 統一東加建立王國。在英國傳教士 Shirley Waldemar Baker 的協助下，他宣布東加師法歐洲建立為君主立憲王朝，解放奴隸、制訂法律、實施土地所有權、新聞自由與酋長享有若干限制性權力。

　　1900 年東加與英國簽署友好條約成為英國的保護國；1901 到 1952 年英國西太平洋領土的一部分，雖然在英國的保護下，東加卻與大溪地及夏威夷一樣，從未放棄其君主政府。東加王朝與英國王朝不同的是東加王朝自始至終都是一個家族世襲，從未間斷。

　　在 1965 年逝世的東加女王杜苞三世生前安排下，友好條約與被保護國的地位在 1970 年終止。1970 年東加加入國協，1999 年 9 月加入聯合國。

## 三、人文與地理

東加正式國名為東加王國 (kingdom of Tonga)，東加的土語意思為南方，位於南太平洋，全國有 176 個島嶼，其中 53 個有人居住。該國號稱友好之島 (Friendly Islands) 因為 1773 年當庫克船長首次登陸該地時受到熱情接待。東加係南太地區唯一倖免於帝國殖民的國家。2010 年該國決定改革立法實施直接民主代議選舉，結果選出首位民主選舉的總理 Noble Siale'ataongo Tu'ivakano，東加王國成為完全功能性的君主立憲國家。

東加屬熱帶氣候，每年僅有兩季，夏季與冬季。雨季從 2 月到 4 月，颱風季節從 11 月到 3 月。

## 四、政治與外交

君主立憲的東加王國，對王家的尊敬取代早期對酋長的遵從。對王室的批評被視為大逆不道。這個第一王朝的後裔杜苞五世、他的家人、強有勢的貴族與新興非王室的菁英成為權貴亨受榮華富貴，而其他人民則過著相對的窮困生活。但這種貧富不均卻因為三項因素而減緩：教育、醫療與土地所有。東加的義務教育完全免費，高中教育僅收象徵性費用，大學教育則有很多外國提供的獎學金，所以全國識字率高達 98%。東加人民享受全民健康醫療照護，憲法

保障土地所有權，土地不得售予外國人。

東加人大多從事維持基本生計的生產，泰半日常必需飲食都從農作、漁業與蓄牧而自給自足；男女大致在教育、健康照護與就業相對平等；但女性在從事公職與參政選舉以及政府內閣閣員方面仍受到歧視。然而，女性的社會地位高於男性，這是太平洋島國社會的唯一例外。

東加國王杜苞四世蕭規曹隨，在國際顧問的建議下，推動貨幣經濟、醫療與教育國際化、平民享有物質財富、教育、海外旅行等機會。政府也支持國際奧會與其他國際性體育活動、派遣維和部隊到聯合國。同時支持美國對伊拉克行動，派兵加入美軍，從 2004 年到 2008 年底，共派 42 名官兵參戰，而全身而退無人陣亡。

杜苞四世與其政府被指控經濟政策錯誤，投資失敗而浪費數百萬元鉅資。主要原因乃他推動一系列的方案企圖增加國庫收入而造成，包括：接受為廢核料掩埋地、販售東加護照、招攬外籍船隻註冊、參與地理軌道衛星計畫、長期包下波音 757 專用客機而停靠奧克蘭機場閒置導致東加王家航空公司破產、建造機場旅館與賭場被國際刑警指控違法以及批准工廠出口香菸到中國大陸等。

杜苞四世因受到金融顧問 Jesse Bogdonoff 花言巧語誤導，損失據估計高達 2,600 萬美元。同時，他動用警察濫捕民主人士入獄、因主編批評國王錯誤而沒收東加時報報社報紙。2003 年中葉，東加政府通過

憲法修正案，將媒體國家化，藉著發照限制新聞自由以保護王室形象。到 2004 年 2 月為止，在新憲法下，被拒發執照的媒體有東加時報、Kele'a 與 Matangi Tonga，只有教會與親政府的媒體才能獲得執照。這些倒行逆施的行動引起數千名群眾到首都的強大抗議遊行，國王的姪子、王子也是國會議員的 Tu'i Pelehake 呼籲澳洲與其他國家向東加政府施壓以實行民

主選舉，並呼籲展開司法調查該修正案。

2006 年 2 月 11 日，總理 Aho'eitu Unuaki'otonga Tuku'aho 王子突然辭職並辭去內閣其他部長職位，由勞工部長 Feleti Sevele 暫代。2006 年 7 月 5 日在加州 Menlo 公園一位司機製造事故使得 Tu'ipelehake 王子、其妻與司機都因而死亡。Tu'ipelehake 王子當年才五十五歲，也是憲法改革委員會共同主席。

2006 年 9 月東加國王杜苞五世繼承其父親四世，東加人民期盼他能進行改革；2006 年 11 月 16 日，首都發生暴動，國會似乎準備休會而不

願進行民主改革，民主運動人士乃縱火並洗劫商店、辦公室與政府大樓，結果造成城中心 60％受毀，六個人死亡。2008 年 7 月 29 日王室宣布杜苞五世放棄權力與下放其日常政事給總理，以迎合人民的期望。

## 五、經濟

東加的經濟主要仰賴在美國、紐澳等地全國人數一半以上的僑民的匯款；另外一些國營公司包括電訊與衛星等都是王室的家產，東加在 2008 年被富比世雜誌評為世界第 6 位腐敗的國家。大部分的小零售生意都掌握在購買東加護照而移民的中國人手中。工業僅有些手工藝與小規模企業，占全國 GDP 的 3％；商業活動不彰，只有少數幾家太平洋地區的大貿易商。

鄉村的東加人主要從事基本為生的農業，種植椰子、香草豆、香蕉、咖啡豆與根莖作物如蕃薯、芋頭與山藥等。豬與家禽是主要的畜牧業。南瓜出口到日本對於東加的經濟幫助甚大，但近年因為價格波動太大農民種植意願不大。

東加的發展計畫主要強調鼓勵私有企業、提升農業生產力、恢復南

瓜與香草豆工業、發展觀光與改善島嶼的通訊與交通。尋求經濟多元化的努力途徑寄望於漁業（鮪魚）與林業。觀光發展以 Vava'u

島的欣賞鯨魚、釣魚、衝浪與海灘為最著，有發展成為南太平洋觀光市場的潛力。

東加的電力主要來自柴油發電，而柴油的進口占其 GDP 的 19％與總進口的 25％；由於環境污染與油價上漲因素，東加正與國際再生能源總署合作，盼能在其本島與外島利用太陽能發電，盼能在 2010 年到 2012 年將柴油進口減少一半。

## 六、文化教育與其他

東加 10 多萬人口中，70％居住在本島 Tonngatappu；雖然東加人不斷大批移入首都 Nuku'alofa，但鄉村生活與親屬關係仍然在該國扮演重要角色。東加人主要是玻里尼西亞裔與少數的美拉尼西亞混血。歐洲裔、其他太平洋島嶼種族與華人約占 3％；華人約有 3、4,000 人。

東加的教育從六歲到十四歲是強迫義務免費教育；高等教育包括師範學校、護理學校與醫學訓練學校；有一所私立大學、一個女子商業學院與幾所私立農業學校。大學以上教育必須赴海外深造。

宗教信仰主要是基督教，而日常生活亦深受玻里尼西亞傳統的影響。東加的體育運動以橄欖球為最盛，其國家代表隊在國際體壇上表現亮麗。自 1987 年起，東加曾五度參加世界杯橄欖球賽 2007 年並獲得第 3 名。所以東加自動取得 2011 年在紐西蘭舉辦的世界杯橄欖球賽資格。東加的拳擊選手 Paea Wolfgram 曾在 1996 年亞特蘭達夏季奧林匹克賽時獲得銀牌。迄今，他仍是南太平洋島國中唯一在奧運獲得獎牌的得主。另外，在美國美式足球的明星球員中不乏美籍東加裔，他們有很優異的表現。

# 第十三節 土瓦魯 (Tuvalu)

## 一、基本資料

首都：Fanafuti

官方語言：土瓦魯語、英語

政體：議會代議制民主與君主立憲

獨立日：1978 年 10 月 1 日

面積：26 平方公里

人口：10,472 人（2010 年）

GDP：1,294 萬美元

平均國民所得：1,600 美元

通用貨幣：土瓦魯幣、澳幣

網路網路國碼：.tv

國際電話國碼：688

## 二、歷史

3000 年前東加與薩摩亞的玻里尼西亞人移居土瓦魯成為土瓦魯人。土瓦魯共有九個島其中八個有人居住，土瓦魯的意思是「八個同在一

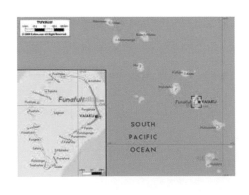

起」(eight standing together)；1568 年西班牙的 Alvaro de Mendana de Neira 首次發現土瓦魯；1862 年到 1864 年秘魯的販賣奴隸集團橫行於太平洋，土瓦魯受害最深，約有 400 多名土瓦魯人被綁架一去不回。1892 年土瓦魯成為英國保護

地稱為愛麗斯島 (Ellice Islands)，1916
年併入吉爾伯特與愛麗斯群島成為英
國殖民地；二次大戰期間，土瓦魯被
選定為盟軍在太平洋對日作戰的作業
基地，成千的海軍陸戰隊駐紮該地直
到 1945 年為止。

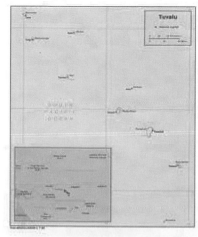

　　1974 年種族糾紛使得屬於玻里尼
西亞人種的土瓦魯選擇脫離屬於密克
羅尼西亞的吉爾伯特（後來變成吉里
巴斯），第二年愛麗斯群島成為英國
殖民地土瓦魯，1978 年獲得獨立。土
瓦魯屬於地勢低窪的島國，周遭缺乏
淺礁層，所以特別容易受到海水上生
與暴風侵襲；據估計未來一百年內，
海水將上升 20 到 40 公分，將使土瓦
魯不適人居。而當地人口成長與海岸
管理不善更影響該國的永續發展。

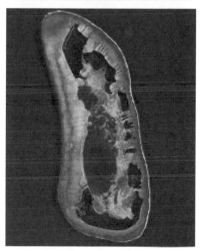

## 三、人文地理

　　土瓦魯係屬玻里尼西亞族的太平洋島國，共有四個珊瑚礁與五個珊
瑚島。人口 10,472 人，是世界上第三小的國家僅多於梵諦岡與諾魯。
而其面積只有 26 平方公里，全世界第四小國，僅大於梵諦岡、摩納哥
與諾魯。

　　土瓦魯全國最高地點僅高於海平面 45 公尺，而成為全世界第二低

窪的國家，僅次於馬爾地夫。因為地勢低窪，所以飽受海水上升的威脅，將來其人口可能移往紐西蘭、紐埃或斐濟的 Kioa 島。另一方面，日本試圖藉引進有孔生物來重建土瓦魯的珊瑚礁。此外，土瓦魯受一種稱為巨浪 (king tide) 的危害，使海平面遠高於一般大浪，有可能將全國沈沒於海水中。土瓦魯的土地貧瘠，不適農作；飲水主要收集屋頂與水流入儲水槽中；缺水情況嚴重。每年 11 月到 3 月有西向強風與雨季；3 月到 11 月熱帶氣候因東向風的調節，氣候溫和。

　　土瓦魯人主要是玻里尼西亞族，大約有 4% 屬於密克羅尼西亞族；97% 的人信仰基督教。

# 四、政治與外交

　　土瓦魯係君主立憲國協政體，英女王伊利莎白二世係名義元首，由總理推薦女王任命的總督代行其職；國會係一院制，共有十五位議員，每四年選舉一次；議員選出總理為政府首長，內閣部長由總理推薦總督任命。地方則每個島都有其酋長與若干副酋長以及長老，長老組成地方議會與宗教領袖共為決策者。土瓦魯沒有政黨，選舉主要基於個人家庭關係與名望。

　　司法方面，最高司法機關為高等法院，另有八個島嶼地方法院；不服高等法院的裁決可上訴到上訴法院；不服上訴法院裁決者可向倫敦的女王所屬的樞密院申訴。

土瓦魯沒有軍隊，
僅有警察部隊。警察部
隊有海洋巡邏單位負
責搜尋與救援偵察任
務。另有一艘由澳洲提
供的太平洋巡邏艇。

土瓦魯與斐濟、
紐西蘭、澳洲與英國
關係密切；並與臺灣有邦交關係，臺灣駐土瓦魯大使館係該國唯一的使
館；臺灣提供土瓦魯各項援助計畫。土瓦魯在 2000 年加入聯合國，並
設有駐聯合國代表團。土瓦魯支持批准與施行京都議定書，因為其國家
係最受到氣候變遷影響的國家，所以積極參與國際氣候變遷會議，爭取
奧援協助應付氣候變遷帶來的威脅與挑戰。土瓦魯也是亞洲開發銀行會
員；獨立後不久即與美國簽署友好條約，美國承認其擁有中央潟湖在東
經 179 度 7 分與南緯 8 度 30 分間的許多小島。

## 五、經濟

土瓦魯沒有天然資源，主要國家收入靠外援；穩定的就業市場只有
公務員。維持基本生計的農漁業是主要的經濟活動；政府收入大部分來
自銷售郵票、錢幣、入漁費與海外工作土瓦魯人的匯款。約 800 名土國
人民在諾魯磷礦與海外商船工作。當磷礦業蕭條時，378 名土瓦魯工人
流滯諾魯，直到 2006 年經由紐澳與歐盟提供交通費遣送他們回國，而
臺灣則協助付清公司所欠他們的薪水。土瓦魯國庫每年最大收入是來自
土瓦魯基金，這是 1987 年由澳洲、紐西蘭與英國所建立，日本與韓國

支持下成立的。這個基金從原來的 1,700 萬美元成長到 1999 年的 3,500 萬美元；另 1988 年美國與土瓦魯簽署的漁業協定，1999 年支付了 900 萬美元入漁費，每年入漁費預計將上漲。由於地處邊陲，觀光不興，每年僅有 1,000 人左右。

土瓦魯全國公路總長度只有 8 公里，首都 Funafuti 的街道鋪有柏油與裝設路燈，其他地方皆無。Fuanfuti 是唯一的港口，另在 Nukufetau 有個深水碼頭。全國有四艘 1,000 噸的商船，包括兩艘貨船、一艘客貨兩用。Funafuti 國際機場係唯一的機場，跑道鋪有柏油。

## 六、文化、教育與其他

土瓦魯的教育是免費且自六歲到十五歲強迫性義務教育；傳統的社區制度大部分仍流傳至今，每個家庭都有其工作角色如打漁、建屋或防衛。這些技能每個家庭世代相傳。每個島上都有私人商店或政府經營的雜貨店銷售日常用品與食物；政府經營的雜貨店售價因有補貼而較便宜。每個村落都有村民大廳，是討論村里重要事情的地方。

傳統的食物有 pulaka、海鮮包括螃蟹、烏龜與魚、香蕉、麵包果、椰子與豬肉。Pulaka 是主要碳水化合物的來源，生長在地下水的大洞穴中。海鮮則為蛋白質的來源；香蕉與麵包果是補助性農作；椰子則供作果汁、飲料與調味之用。

# 第十四節　萬那度 (The Republic of Vanuatu)

## 一、基本資料

首都：維拉港 (Port Vila)

官方語言：Bislama 語、英語及法語

政體：議會共和制

獨立日期：1980 年 7 月 30 日

面積：12,190 平方公里

人口：243,304 人 (2009 年 )

GDP：10 億 2,160 萬美元（2010 年）

平均國民所得：5,500 美元

通行貨幣：萬那度 vatu

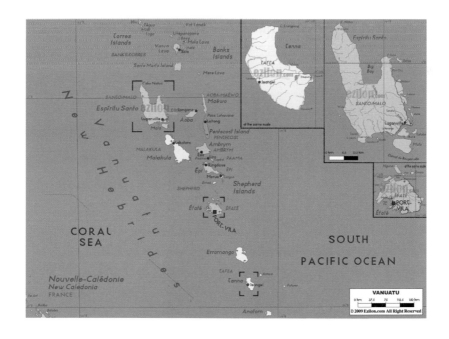

網際網路國碼：.vu

國際電話國碼：678

## 二、歷史

依據考古，萬那度在四千年前即有南島語系的人抵達該地，出土的陶器碎片顯示其制作在西元前 1300 年到 1200 年之間。1606 年葡萄牙探險家 Pedro Fernandes de Queiros 在西班牙國王的贊助下，發現該群島而稱之為聖靈的南方之地 (The Southern Land of the Holy Spirit)，當時他以為到了澳洲。1774 年，庫克船長將該群島命名為新賀布里得斯 (New Hebrides)，此後，該名稱一直沿用到獨立為止。

1825 年貿易商 Peter Dillion 發現 Erromango 島上產有檀香木，於是開始一股移民熱潮，直到 1830 年移民與玻里尼西亞裔工人發生衝突為止。1860 年代澳洲、斐濟、西班牙等地的農場亟需工人而鼓勵簽署長期雇傭契約稱之為黑鳥（blackbirding）。在勞工貿易最鼎盛時期，萬那度半數以上的成年男人都到海外工作，使該國人口銳減。

十九世紀當國際棉花價格下挫時，許多棉花農場紛紛改種植咖啡、

可可、香蕉與椰子；剛開始時來自澳洲的英國人占多數，後來到 1882 年法國在當地成立了喀里多尼亞公司而居上。到二十世紀，法國人數為英國人數的兩倍。英法兩國的爭逐使

得當地人向雙方請求占領該地。然而 1960 年英法兩國決定共同治理該地，稱為英法共管 (British-French Condominuim)；美國人在二次大戰期間抵達該地，對該地民族主義興起有很大影響。

　　1970 年該地第一個政黨成立稱為新赫布里得斯國民黨 (New Hebrides National Party)；其創始人之一的 Walter Lini 神父成為首任總理，1974 年該黨改名為 Vanua'aku Pati 並推動獨立運動；1980 年在短暫的椰子戰爭後，萬那度共和國誕生。1990 年代萬那度經過一度政治不穩定後成為中央分權的政體。1996 年因薪水爭議，萬那度軍方發動政變，指控 Maxime Carlot Kroman 政府貪腐；1997 年後選舉連年，直到 2004 年。

## 三、人文地理

　　萬那度群島由八十二個小島組成，地質上屬火山形成的新島，從各島南到北的距離約 1,300 公里。有十四個島地面面積大於 100 平方公里。全國最大兩城市為 Efate 島上的首都維拉港與在聖靈島的 Luganville 市。全國最高點為在聖靈島的 Tabwemasana 山，高海拔 1,879 公尺。

　　萬那度全國總面積約 12,274 平方公里，而土地地基只有 4,700 平方公里；島勢陡峭，土壤不穩定缺乏淡水。只有 9% 的土地可耕種；海岸線多岩石與珊瑚礁，沒有大陸礁層，直接墜入深海之中。萬那度多火山，火山爆發頻仍，常有地震。

萬那度人口成長對其當地資源如農業、蓄牧、漁獵與守獵形成很大壓力；90%的家庭以食魚為主，使得近岸的漁種因捕撈過度而幾近枯竭；大部分的島也有林木砍伐過度之虞，造成土壤流失與坍方。淡水越來越稀少、垃圾處理與空氣污染問題日益嚴重。

雖然萬那度有熱帶雨林，但卻少有植物與動物；沒有本土的大型哺乳動物，僅有十九種本土性的爬蟲類、十一種蝙蝠以及六十一種鳥類。萬那度氣候屬亞熱帶型，每年有九個月溫暖到炎熱多雨且有颶風的天氣；三個月較涼爽與乾燥的氣候。平均溫度在攝氏 20 度到 32 度之間。降雨量平均每年 93 英吋，也可能高達 160 英吋。

萬那度人口男多於女，嬰孩夭折率顯然降低，從 1967 年每 10 萬人的 123 名死亡到 1999 年的 25 人。人種主要是美拉尼西亞人，還有歐洲、亞洲與太平洋島國人。

## 四、政治與外交：

萬那度是個有成文憲法的議會民主國家，國家元首為總統，由選舉團三分之二多數票選出，任期五年。總統為虛位元首。選舉團由國會議員與地方議會議長組成，選舉團有選舉與罷免總統之權。總理為政府首長，由四分之三以上的國會議員出席以多數票選出；總理任命內閣部長，其閣員人數以不超過議員人數的四分之一；國會是一院制，共有五十四名議員，每四年由人民直接選出。在村

落方面也有酋長，酋長
受到政治人物的尊重。
萬那度的政府與社會
傾向英語系與法語系
二元化。聯合政府因語
言不同而有困難。

　　最高法院由首席
法官與其他三位法官
組成。最高法院的二或三位法官可組成上訴法院；地方法院負責平常法
律事務。法律制度以英國習慣法與法國民法為基礎。

　　萬那度為亞洲開發銀行、世界銀行、國際貨幣基金與國協會員國。
1980 年以來，澳洲、紐西蘭、英國與法國是主要援助國；2005 年英國
停止援助太平洋島國；而千禧挑戰帳戶 (Millennium Challenge Account)
與中國大陸近年來增加對萬那度的經援；2005 年千禧挑戰帳戶宣布萬
那度為首先接受 6,500 萬美元公共基礎建設經費的十五個受援國之一。
萬那度仍維持與澳洲、紐西蘭及歐盟密切的經濟文化關係；澳洲則提供
萬那度巨大的經援包括萬那度的軍隊與警察。

## 五、經濟

　　萬那度經濟主要四大支柱為農業、觀光、境外金融與養牛業。出口
以椰乾、kava、牛肉、可口與木材為主，進口則以機械設備、食品與油
料為大宗。

　　萬那度稅收主要為進口稅和 12.5％的附加價值稅；經濟發展因受限
於少數商品出口、天然災害肆虐與島嶼間距離遙遠而不易發展。農業為

全國人口 65％的主要生計。可可、椰乾與 kava 出口是最重要收入來源，

熱帶性氣候使萬那度有豐富的蔬果農產品包括香蕉、大蒜、包心菜、花生、鳳梨、甘蔗、芋頭、蕃薯、西瓜、辣椒、胡蘿蔔、蘿蔔、茄子、香草、青椒、小黃瓜等；但主要係內銷。

觀光以潛水探索珊瑚礁為最吸引人，觀光客由 2007 年到 2008 年成長 17％達到近 20 萬人。很多電視特寫、電視劇與電影在萬那度拍攝大大助長其觀光業的提升。境外金融服務是萬那度重要的國庫收入，在 2008 年前萬那度一直是逃稅天堂，後因國際組織的壓力而逐漸改善透明化。萬那度沒有所得稅、扣繳稅、資本利得稅、遺產稅，也沒有外匯管制，成為很多外國公司前往設立公司的誘因；而外國船舶也很多選擇在萬那度註冊，懸掛萬那度國旗。

養牛主要在出口牛肉，2007 年牛肉出口總值 1 億 3,500 萬那度元；萬那度每個家庭平均畜養五頭豬、十六隻雞，主要供自己消費。萬那度有三十個商業性農場，在 2007 年總產值 5 億 3,300 萬那度元。 農業出口占萬那度出口的 73％，80％的人口住在郊區農業是他們的主要生計。

## 六、文化教育與其他

萬那度人民的信仰主要是基督教，包括各種不同教派。二次大戰期間盟軍帶給萬那度現代化，同時也有各種宗教崇拜儀式；其中很多儀式

消失了，但是 John Frum
儀式仍然盛行，在國會
議員中也有追隨者。在
Tanna 島也有崇拜英國王
子斐力普 (Phllip) 運動，
因為該島有流傳山神之子
跨海冒險尋找有權勢的美
女為妻的傳說，而斐力普

曾與新婚妻子伊利莎白王后訪問該島，情節類似該傳說因此斐力普被尊
奉如神明。

　　萬那度可以劃分三個文化區，北區其財富係以每個人奉獻多少為標
準，尤其是豬更為財富的象徵；中區則以美拉尼西亞文化為主；南區則
發展一套頒授特殊地位的頭銜制度。

　　男孩子有一系列成年禮的儀式包括割禮。大多數村落都有俱樂部提
供 kava 飲用服務；有專供男性也有專供女性的地方。傳統音樂在郊區
很盛行，主要為打擊樂器包括銅鑼、鈴、各式不同尺寸的鼓之類；最近
在外國人與觀光客聚集的俱樂部則流行各種嘻哈樂團。

　　教育方面萬那度 80％人口住在鄉下與偏僻村落，所以教育設施不
普及，大部分由教會與非政府組織提供基本的設備。教育不是義務強迫
性，所以就學與出勤率在太平洋島國間最低；1999 年統計全國十五到
二十四歲識字率 87％，2006 年統計成年人識字率 78％；小學註冊學生
從 1989 年的 74.5％提升到 1999 年的 78.2％與 2004 年的 93％；但 2007
年又降回到 85.4%。體育運動方面，板球很盛行；橄欖球、足球為男性
運動，排球則為女性運動項目。

# 第三章 太平洋屬地簡介

## 第一節 美屬薩摩亞 (American Samoa)

### 一、基本資料

國歌：美國國歌 The Star-Spangled Banner

首都：Pago Pago

語言：英語、薩摩亞語

面積：199 平方公里

人口：57,291（2000 年人口普查）

GDP：5 億 7,530 萬美元

貨幣：美元

電話國碼：684

宗教：基督教占 50%；天主教 20% , 其他 30%

### 二、地理位置與歷史

美屬薩摩亞包括有 Tutuila、Manua Islands、Rose Atoll 與 Swains 等島；位在庫克群島之西、東加之北、托克勞之南 500 公里、其西邊為瓦里斯與伏杜那群島；面積略大於華府，是美國最南端的領土。

第一次與歐洲接觸是荷蘭人 Jacob Roggeveen 在 1722 年首先發現該島；後來法國探險家 Antoine de Bougainvill 在 1768 年將該各島命名為航海家群島 (Navigator Islands)。當時法國探險家與 Tutuila 島上居民曾發生激烈的戰爭，而薩摩亞人係以兇狠好戰見著，當時戰爭地點被稱之為殺戮海灣 (Massacre Bay)。十九世紀末，法國、英國、德國與美國都以

Pago Pago 港作為漁船與捕鯨船的加煤站，但也常與凶很好戰的當地人發生爭鬥。

十九世紀末，國際列強在南太平洋的勢力爭逐導致美國與德國在 1899 年簽署了三邊公約 (Tripartite Convention)，兩國瓜分了薩摩亞群島，東邊的群島歸屬美國，改稱美屬薩摩亞；西邊的歸屬德國稱為德屬薩摩亞，以交換英國放棄薩摩亞而獲得德國放棄在東加、部分的所羅門群島與西非為條件。

第二年美國立即派遣海軍正式占領薩摩亞，並將 Pago Pago 改為海軍基地。1900 年美國海軍逼迫 Tutuila 群島政府簽署割讓書；1904 年再迫使 Manua 島政府簽署割讓書，正式將兩地納入美國領土。

第二次大戰期間美國海軍陸戰隊的官兵人數比薩摩亞當地人還多，對於薩摩亞的文化帶來相當巨大的影響。十四歲以上的薩摩亞男孩受美國軍官的戰鬥訓練，並參與大戰。二次大戰後，美國內政部支持的

4500 組織法 (Organic Act 4500) 企圖將薩摩亞併入美國領土，但被國會所否決，主要原因乃薩摩亞當地酋長在 Tuiasosopo Mariota 的帶領下在國會遊說的結果。這些酋長們繼續努力下在當地設立

議會，稱為 American Samoa Fono，會議地點在 Fagatogo 村，所以該村被視為薩摩亞的事實與法律上的首都，而美國將 Pago Pago 視為官方首都。美屬薩摩亞在 1967 年 7 月 1 日生效的當地憲法，是一個自治的領地，而聯合國將其列於非自治領地一直為當地政府所駁斥。

## 三、政治

　　美屬薩摩亞係美國內政部島嶼事務處所管轄的領土。1966 年該地批准憲法並於 1967 年正式生效。其政府的行政權屬於總督，立法則分兩院。此外，也有傳統村落政治，即所謂的議會 (fono) 與酋長 (matai) 制度。酋長係由村落與大家族議會經共識選出。議會與酋長共同決定家庭的分配與共有土地租賃。

## 四、經濟

　　美屬薩摩亞人口就業市場約平均分布在三個不同領域各約有 5,000 人，這三個領域分別為政府部門、鮪魚製罐廠與其他私人企業。政府

部門主要是美屬薩摩亞領地政府所聘僱的員工；唯一一家的鮪魚製罐廠為 StarKist 公司，每年出口至美國的鮪魚罐頭數以數百萬美元計；另有一家鮪魚製罐廠，名為 Samoa Packing，係 Chicken of

the Sea 的分公司，但受到 2009 年美國最低工資也適用到美屬薩摩亞而無以為繼關門大吉，該公司員工 2,041 人分別遭資遣。即若 StarKist 公司也受最低工資的波及，在 2010 年 8 月開始計畫遣散員工 800 人，對當地經濟發展打擊甚大。但美屬薩摩亞的總督 Togiola Tulafono 表示該等公司應該減少高層員工的薪水與紅利而不應以遣散犧牲最低工資的員工為代價。

## 五、國籍問題

出生在美屬薩摩亞的人是美國國民，但不是美國公民，除非他的生父母之一是美國公民。美國國民的美屬薩摩亞人沒有選舉總統權，但能自由與無限次數進入美國。美屬薩摩亞得選出一名無投票權的美國眾院代表。

## 六、社會、宗教、人種與其他

美屬薩摩亞人口 65,000 人中，95％住在最大的 Tutuila 島。其中 91.6％的人口係土著薩摩亞人，2.8％為亞裔、1.1％為白人、4.2％為

混血兒，其他人種約
0.3％。主要語言為薩
摩亞語，僅有 2.9％人
口講英文，24％講東加
語、2.4％講其他語言
以及 2％講太平洋其他
島國語。其宗教信仰
50％為基督教，20％為
天主教，30％為清教徒
與其他。

　　薩摩亞人身材魁梧是天生的體育健將，尤其在美式足球有超過三十
多名美屬薩摩亞裔為美國全國足球聯盟球員而有二百多名為美國全國大
學足球聯盟的區域大學足球隊隊員。在摔角、相撲方面，也有很出色的
美屬薩摩亞裔選手。

# 第二節　法屬玻里尼西亞 (French Polynesia)

## 一、基本資料：

首都：Papeete

第一大城：Faaa

通用語言：法語

政體：法國屬地，法國民主總統治

面積：4,167 平方公里

人口：267,000 人（2010 年）

人口密度：每平方公里 63 人

GDP：56 億 5,000 萬美元

平均國民所得：21,999 美元

通行貨幣：法朗

網際網路國碼：.pf

國際電話國碼：689

## 二、歷史：

法屬玻里尼西亞的群島 1889 年在成為法國保護地後才正式獲得統一。西元 300 年左右第一個成為土著玻里尼西亞人定居的島嶼是 Marquesas 群島，以及後來西元 800 年的社會群島 (Society Islands)。1521 年葡萄牙探險家麥哲倫 (Ferdinand Magellan) 首先發現 Tuamotu 群島中的 Pukapuka 島；1722 年荷蘭人 Jakob

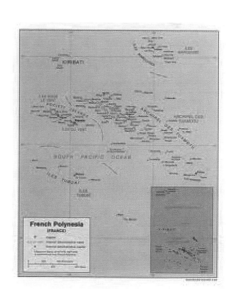

Roggeveen 找到社會島的 Bora Bora 島，1767 年英國探險家 Samuel Wallis 抵達大溪地；次年法國探險家 Louis Antoine de Bougainville 也抵達大溪地，1769 年英國探險家庫克艦長訪問該地；1774 年後西班牙傳教士開始在大溪地停留；1997 年倫敦傳教學會在玻里尼西亞定居。

1803 年大溪地國王 Pomare 二世被迫逃亡到 Moorea 並皈依基督教；1834 年法國天主教傳教士抵達大溪地。1836 年法國天主教傳教士被驅逐事件，促使法國在 1838 年派遣艦艇前去保護；1842 年法國宣布大溪地與 Tahuata 為法國保護地使得法國傳教士得以不受干擾傳教。1843 年建立首都於 Papeete。1880 年法國併吞大溪地將之改為殖民地。

1880 年代，法國占領 Tuamotu 群島，1842 年宣布 Tahuatu 為其保護地；1885 年法國將整個馬奎薩斯島視同其所有。1889 年法國再併吞 Rimatara 與 Rurutu 島。1946 年法國給予玻里尼西亞人公民身分，該群島變成法國海外領地。1957 年，群島改名為法屬玻里尼西亞。1962 年，原為法國屬地並作為核武試爆的北非阿爾及利亞獨立後，法國選定 Tuamotu 群島作為其核子試爆之新地點，2004 年，法屬玻里尼西亞成為法國完全的海外團體 (overseas collectivity)。1995 年法國因在暫停三年

後又恢復在 Fangataufa 珊瑚礁島試爆核武激起當地人全面的抗議。最後一次的試爆在 1996 年 1 月 27 日。兩日後法國宣布加入全面禁試條約 (Comprehensive Test Ban Treaty)，此後不再核武試爆。

### 三、人文地理：

法屬玻里尼西亞總面積為 4,167 平方公里，散布在 250 萬平方公里的海域。總共約有一百三十個島。它是由六個群島組成，其中最大、人口最稠密的島就是大溪地，在社會群島內。六個群島分別是：馬奎薩斯群島、社會群島、Tuamotu 群島、Gambier 群島、Austral 群島與 Bass 群島。另外有些珊瑚島與小群島包括：Ahe、Bora Bora、Hiva Oa、Huahine、Maiao、Maupiti、Mehetia、Moorea、Nuku Hiva、Raiatea、Tahaa、Tetiaroa、Tubuai 與 Tupai。

法屬玻里尼西亞 2010 年總人口有 267,000 人，68.6 ％人口居住在大溪地，首都 Tapeete 有 131,695 人。依據 1988 年的統計，其人種 66.5％為玻里尼西亞人，7.1％為玻里尼西亞與歐亞人混血；11.9％為歐洲混血；9.3％為歐洲與玻里尼西亞混血；4.7％為亞洲人主要是華人。

儘管混血是當地長久以來的傳統，近年來卻成為政客煽風點火造成種族緊張恐外國人的政治藉口；支持獨立的政客如 Oscar Temaru 常指責歐洲社區；而華人團體因營商得利而引起工會的反華情結；有華裔血統的 Gaston Tong Sang 也被政客如 Oscar Temaru 與 Gaston Flosse 指責非本土的外來人。

### 四、政治與外交：

法屬玻里尼西亞係議會代議民主的法國海外團體，其總統為政府首

長，並有多黨的政治制度。行政權屬於政府而立法權在於政府與議會。法屬玻里尼西亞自 2000 年起政治非常不穩定，2007 年 9 月 14 日親獨立的領導人 Oscar Temaru 三年之內三度獲選為總統。但他在國會不具穩定多數，因此 2008 年舉行選舉以解決政治危機。結果 Gaston Tong Sang 所領導的政黨獲勝，但仍無法解決政治危機；兩位少數黨領導人 Oscar Temaru 與 Gaston Flosse 在國會擁有比 Gaston Tong Sang 所領導的政黨多一席的議席，兩黨聯合阻止 Gaston Tong Sang 成為總統。結果 2008 年 2 月 23 日在互相支持合作下，Gaston Flosse 被選為總統而 Oscar Temaru 被選為議長。兩黨合組聯合內閣，但觀察家對反對獨立的 Gaston Flosse 與支持獨立的 Oscar Temaru 為了阻止 Gaston Tong Sang 成為總統的政治結合能否持久並不看好。

2008 年 4 月 15 日，Gaston Flosse 的政府因兩位聯合政府的議員倒戈而跨台，Gaston Tong Sang 被選為總統但他的黨在國會僅些微的多數，他乃對 Flosse 與 Temaru 讓出若干閣員但被拒；他乃呼籲各黨合作以結束政治不穩定才能吸引外資推動國家發展。

法屬玻里尼西亞不若庫克群島與紐西蘭或密克羅尼西亞與美國之間有自由聯盟條約，它僅是法國海外團體，其地方政府沒有司法、教

育、安全與國防權力，而直接由法國政府、憲兵與軍隊所治理；它的國家最高代表就是法國駐當地的高專。法屬

玻里尼西亞派遣兩位代
表出席法國國會，一
個代表下風區的地區
包 括 Austral、Morea-
Maiao、大溪地西部；
另一個代表大溪地中
部 與 東 部、Tuamotu-
Gambier 與馬奎薩斯島

行政區；同時也派一名參議員出席法國參議院。

## 五、經濟

　　法屬玻里尼西亞 2006 年的 GDP 高達 56 億 5,000 萬美元，在大洋
洲中名列第五，僅次於澳洲、紐西蘭、夏威夷與新喀里多尼亞；平均國
民所得為 21,999 美元同樣名列大洋洲第五名。它是個中度已開發經濟，
以進口貨物、觀光與法國的經援為主；觀光設施相當完善且主要島嶼都
有；noni 果汁被發現有醫療療效，成為當地重要農業與就業市場。農產
品有椰子、香草、蔬菜與水果。天然資源有木材、魚產與鈷。2008 年
當地進口總額為 11 億美元，出口總額為 2 億美元；有名的黑珍珠是主
要出口項目，占出口總額的 55％。

## 六、文化與其他

　　法語是當地官方語言但玻里尼西亞語也通行；2007 年的統計顯示，
94.7％十五歲以上的人能聽讀說寫法文，2％的人不通法文；74.6％的人
會聽讀說寫玻里尼西亞文，只有 13.6％的人不通玻里尼西亞文。宗教方
面，84％的人信奉基督教。

# 第三節　新喀里多尼亞 (New Caledonia)

## 一、基本資料：

首都：諾梅阿 (Noumea)

官方語言：法語

地方語言：新喀里多尼亞語、Tayo 語

政體：依附領土

國體更迭：1853 年法國併吞

　　　　　1946 年法國海外領土

　　　　　1999 年法國海外團體

面積：18,575 平方公里

人口：249,000 人（2009 年）

人口密度：每平方公里 13 人

GDP：88 億 2,000 萬美元

平均國民所得：36,376 美元

通用貨幣：法郎

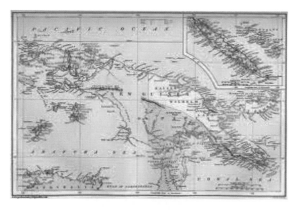

網際網路國碼：.nc

國際電話國碼：687

## 二、人文地理：

新喀里多尼亞位於西南太平洋的美拉尼西亞次區域，包括一個主要本島忠誠群島 (Loyalty Islands) 與一些小島；面積為 18,575.5 平方公里，人口 2009 年時為 249,000 人。首都與第一大城為諾梅阿。

1986 年以來，聯合國去殖民地委員會將新喀里多尼亞列為非自治政府，將在 2014 年到 2019 年間由當地人公民投票選擇成為法國海外團體或獨立。首都諾梅阿是太平洋共同體秘書處（前身為南太平洋委員會）所在地；2010 年 7 月新喀里多尼亞採取 Kanak 國旗與法國三色旗作為其領土的雙重官式國旗，使它成為世界上擁有兩幅正式國旗的領地。

新喀里多尼亞一詞來自拉丁文，原指現代蘇格蘭某一地區。當地海岸線崎嶇難行據說使庫克艦長想起蘇格蘭而命名之。位於西南太平洋南緯 21.30 度，東經 165.30 度之間；群島由一個本島 Grande Terre 與一些小島組成包括：北部的 Belep 群島、東部的忠誠群島 (Loyalty Islands)、南部的松樹島 (Isle of Pines)、西部的 Chesterfield 島與 Belloa 礁岩島；另有兩個無人島馬太島 (Matthew Islands) 與獵人島 (Hunter Islands) 迄今仍為法國與萬那杜互稱擁有的爭議島。

Grande Terre 島是全國最大島也是唯一多山的島；面積 16,372 平方公里，長 350 公里寬 50 至 70 公里；有一山脈貫穿全島，上有五座高度超過 1,500 公尺的山，最高峰為 Panie 山高度為 1,628 公尺。

新喀里多尼亞在南緯歸線 19 度到 23 度之間，屬熱帶型氣候，由東方貿易風帶來的雨量豐沛，每年降雨量平均在 1,200 公釐以上。一年分乾季與溫濕季兩季，乾季從 4 月到 11 月，平均溫度攝氏 17 度到 27 度；

濕季則由 12 月到 3 月，平均溫度攝氏 32 度。乾季時偶有颱風侵襲。

新喀里多尼亞的地質被認為是世界上最瀕臨危險與生物上最重要的熱門地區；它原是遠古共瓦那 (Gondwana) 超級大陸塊之殘餘塊西蘭迪亞 (Zealandia) 陸塊的一部分；西蘭迪亞陸塊在六千萬年前到八十五萬年前從澳洲大陸分離；連結新喀里多尼亞與紐西蘭的陸脊深深地沉沒在海裡有幾百萬年，與其他世界大陸塊孤離，因此保存有史前時代的森林，蘊藏著非常多元的共瓦那原始特有的森林與動物，以及世界第二大僅次於澳洲 Great Barrier Reef 的礁岩，長達 15,000 公里。新喀里多尼亞的許多動植物都成為該國文化的標記，最有名的就是一種像母雞大小不會飛的鳥叫做 Cagou 或 Kagu，它有很大的冠且很奇特的叫聲，所以它的形象與叫聲成為國家公認的符號。另外有一種叫做 Columnar 或庫克松，也是 Kanak 文化的象徵；而 Niaouli 樹具有醫療療效，它的汁可治頭痛與防蟲害。在歐洲人抵達當地之前，當地有一些哺乳動物如飛狐、素食的蝙蝠是當地餐桌上的名菜；當地並有號稱世界最多與最多元的針葉植物。

新喀里多尼亞的礁岩也有豐富的各種生物品種，它是海象棲息之地而 Nautilus 是一種活化石類的生物在恐龍時期很普遍，現今猶存在新喀里多尼亞海域。聯合國教科文組織將新喀里尼西亞的礁岩列入世界遺產。目前新喀里多尼亞政府面臨的挑戰除要對這個多元種族與政治生活

規劃發展藍圖外，也需在該國採礦工業與生態環境保護如何求取平衡。

## 三、歷史：

西太平洋在 3000 年前首次有人跡到達，當時稱為拉比大 (Lapita) 的民族移入美拉尼西亞；西元前 1500 年抵達喀里多尼亞群島與忠誠群島，他們是技術高超的航海家與農業家，十一世紀起，玻里尼西亞人移入並與他們通婚。歐洲人在十八世紀首次抵達該地，1774 年庫克船長將該地命名為 Grande Terre；將現在的萬那杜群島命名為 New Hebrides 群島。歐洲人在當地從事捕鯨、檀香木貿易；後來檀香木減少，新的一種號稱奴工貿易（Blackbirding）興起；就是在新喀里多尼亞、忠誠群島、萬那杜群島與索羅門群島販買奴工到斐濟與澳洲昆士蘭甘蔗農場當奴工。這些奴供稱為 Kanakas，是夏威夷語男人的意思；法國併吞當地後，當地人將之簡稱為 Kanak。

1954 年法國在當今的首都諾美阿建立了法國港，並把當地做為犯人殖民地；在 Nou 島上興建監獄；在 1864 年到 1922 年之間，法國共遣送 22,000 名犯人到該島。在犯人殖民地時代結束前，當地歐亞移民人數已超過當地 Kanak 土人。1878 年發生一場血腥戰暴亂，1881 年又發生另一場，最後都以血腥鎮壓。

二次大戰期間，法國南太平洋屬地包括新喀里多尼亞、法屬玻

里尼西亞與 New Hebrides 都加入法國自由軍；在澳洲協助之下，南太平洋殖民地成為盟軍主要基地；美軍在新喀里多尼亞建立海軍基地，阻止日軍前進澳洲、紐西蘭與索羅門群島；諾美阿成為美國海陸軍的總部，同時也成為美國軍艦的修理站。戰後，聯軍總部成為區域政府間組織南太平洋委員會，後來改稱為太平洋共同體秘書處的總部

　　1986 年起，新喀里多尼亞被聯合國列為非自治政府領地，1985 年由 Jean-Marie Tjibaou 領導的 Front de Liberation Nationale Kanak Socialiste (FLNKS) 鼓動尋求獨立以建立 Kanaky 獨立國家。1988 年獨立運動達到高潮，在 Ouvea 發生血腥暴動；擾攘不安導致 1988 年簽署 Matignon 協定，1998 年簽署諾美阿協定給予當地人更大的自主權，並容許當地人擁有喀里多尼亞公民身分以及在 2014 年後公民投票決定是否脫離法國獨立。

## 四、政治與國際關係：

　　新喀里多尼亞是法屬海外領地團體，所以有其自己的領地議會，依據 1998 年的諾梅阿協定當地政府並逐漸享有更多的行政權包括賦稅、

勞工法、衛生、外貿等；將來法國權力逐漸下放，最後法國政府僅剩下有外交、司法、國防、公共秩序與財政的行政權。當地政府可以與其他太平洋區域國家進行國

際合作、繼續使用當地貨幣而非歐元與當地議會可以通過法律取代部分法國法律。另一方面，新喀里多尼亞仍舊屬於法國的一部分，其人民仍為法國公民，使用法國護照並可選舉法國議員與總統。

當地總統由領地議會選舉產生，現任總統是 Caledonia Together 黨的 Philippe Gomes，該黨在 2008 年由 Future Together 分裂產生；Future Together 由 Jacques Lafleur 領導，是白人與玻里尼西亞人反對獨立人士組成，同時也反對凌罷與貪污的反獨立的 RPCR 黨 (Rassemblement pour la Caledonie dans la Republique)。Future Together 主張反對以單一族群為基礎的政治強權，支持多元文化且與法國保持現行關係。

新喀里多尼亞派遣兩名代表出席法國國民會議，一個代表諾梅阿市政府、松樹群島與忠誠群島；另一個代表其他區域。同時也派遣一位參議員出席法國參議院。法國中央政府在新喀里多尼亞最高代表是其高專，他也是文官首長。

## 五、經濟：

新喀里多尼亞擁有豐沛的工業重要元素與礦產，包括山有世界四分之一的鎳礦；礦產是該國最主要經濟骨幹。觀光則日益扮演更重要的角色，主要觀光客源來自法國、紐澳、日本與南韓。它的 GDP 在 2007 年時為 88 億美元，平均國民所得 36,376 美元，在大洋洲中分別名列第 4 與第 3。出口為 21 億美元，96.3％為礦產與合金；進口為 29 億美元，26.6％由法國進口。

## 六、文化與其他：

美拉尼西亞的土著 Kanak 占全國人口的 44.6％，其他人種包括歐洲人 34.5％、玻里尼西亞人 11.8％、印尼人 2.6％、越南人 1.4％、萬

那度人 1.2％與其他 3.9％。Kanak 主要是美拉尼西亞人,而出身法屬玻里尼西亞的為大溪地人或玻里尼西亞人;居住當地數代的歐洲人稱為 Caldoches,後來移入的稱為 Metros 或 Metropolitains。

　　體育運動方面,當地流行英式足球,其球隊在 1951 年成軍,並在 2004 年加入國際足球聯盟。同時也是大洋洲足球聯盟會員,曾經贏得五次南太平洋足球賽冠軍,二次大洋洲足球賽第 3 名。另賽馬很風行,女子板球賽盛行。

# 第四節　比開恩群島 (Pitcairn Islands)

## 一、基本資料：

首都：亞當斯城（Adamstown）

官方語言：英語

政體：英國海外領地、英國君主立憲

面積：47 平方公里

人口：48 人（2010 年）

人口密度：每平方公里 1 人

通用貨幣：紐西蘭元

網際網路國碼：. pn

國際電話國碼：870

## 二、歷史：

最早移入比開恩的是玻里尼西亞人，約在十五世紀末期。而當歐洲人抵達該地時當地並無人居住。1606 年 1 月 26 日葡萄牙海員 Pedre Fernandes de Queiros 奉西班牙國王之命，航行發現 Ducie 與 Henderson 島，他分別將它們命名為輪迴 (The Incarnation) 島與受洗者約翰 (Saint John the Baptist) 群島；但是學者懷疑他當時發現的輪迴群島可能是 Henderson 島而受洗者約翰島就是比開恩島。

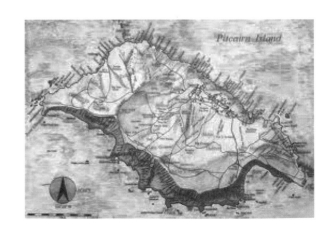

1767 年比開恩島被英國單桅帆船燕子號 (HMS Swallow) 水手英國海軍官校畢業生見習官 Robert Pitcairn 所發現，所以以他的名字命名。他是英國海軍陸戰隊軍官的小孩。

1790 年九名在船名為豐富號（Bounty）的水手叛變並挾持六名男性、十一名女性與一名嬰兒的大溪地人到比開恩島，在當地從事農漁工作過著與世隔絕的生活；後來因為酗酒、兇殺與疾病而死亡過半。直到 1808 年 2 月美國商船 Topaz 號首次登岸與殘存的那些人聯繫。並由船長 Mayhew Folger 撰寫接觸經過報告傳送給海軍本部。Ducie 島則是在 1791 年為英國艦艇 HMS Pandora 號船長 Edwards 重新發現，並以英國皇家海軍艦長 Ducie 男爵之名命之。Henderson 島則由英國東印度公司的船大力士 (Hercules) 號的船長 James Henderson 在 1819 年 1 月 17 日重新發現而命名；Oeno 島則是在 1824 年 1 月 26 日由捕鯨船 Oeno 號的艦長 George Worth 所發現而命名。

1838 年比開恩成為英國的殖民地，到了 1850 年代，當地人口成長迅速土地已不敷所需，其領導人向英國政府求助，英國乃提供 Norfolk 島以供移民，1856 年 5 月 3 日有 193 人從比開恩搭乘 Morayshire 號船移往 Norfolk，在 6 月 8 日抵達該地；後來有 44 名比開恩人離開 Norfolk 返回比開恩居住。1902 年 7 月 2 日、7 月 10 日與 12 月 19 日英國先後併吞了 Henderson、Oeno 與 Ducie 三個島；1938 年這三個島連

同比開恩島正式合併成為比開恩島群。1937年當地人口鼎盛時多達233人，後來不斷移民到紐西蘭，到2009年全島僅剩45人。

## 三、人文與地理：

比開恩共由比開恩、Oeno、Henderson與Ducie等四個島組成，只有比開恩島長期有人居住。Henderson島占有86%的土地，富有各種不同動物而因其海岸為陡峭的石灰岩，接近不易而人跡罕到。

有九種特別的植物只有比開恩專有，包括nene fern,red berry。另有一種叫做Glochidion pitcairncnsc世界上僅有比開恩與Mangareva兩個地方才有。至於動物方面，比開恩有一種世界僅有五隻的碩果僅存的玳瑁名叫T小姐(Turpen)；該隻玳瑁係在1937年到1951年由一位名叫Irving Johnson的船長帶到比開恩，飼養在西邊港口的Tedside並受到法令的保障其安全。至於鳥類，比開恩有很多種包括水鳥與路上鳥等；最有名的鳥為美燕鷗(Fairy Tern)、普通燕鷗(Common Noddy)與紅尾熱帶鳥。另有一種土產鳥當地人稱為麻雀的啼鶯(Warblcr)，在2008年被列為瀕臨危險的鳥類。

## 四、政治與外交：

比開恩採取議會代議式的民主依附國，其市長為政府首長；當地憲法為1964年通過的當地政府法令(Local Government Ordinance of 1964)。就人口而言，

比開恩是世界最小的民主之地。做為英國的海外屬地，比開恩的國防完全由英國國防部與皇家空軍負責。

## 五、經濟：

比開恩的土地相當肥沃，盛產各種水果包括香蕉、木瓜、鳳梨、芒果、西瓜、香瓜、百香果、麵包果、椰子、若梨與柳橙等；蔬菜方面則有蕃薯、胡蘿蔔、甜玉米、蕃茄、芋頭、甘薯、蜿豆與豆類。甜菜與甘蔗主要用來生產麵粉與蔗糖。良好的氣候使得比開恩物產富饒盛產各種熱帶與溫帶的水果。

魚產品亦頗豐富，盛產龍蝦與各種魚類包括淺水地區的 Nanwee、White Fish、Moi 與 Opapa；深水地區的 snapper、大目鮪魚、鱈魚、黃尾魚與 Wahoo。另在其廣達 88 萬平方公里的專屬經濟海區有各種豐富蘊藏量的礦產包括錳、鐵、銅、金、銀與鋅等。

比開恩當地有各式各樣的手工藝品與木雕，同時也有 tapa 織錦布與彩色 hattie 樹葉。手工藝品、錢幣與郵票與網路區域代號成為該島重要的收入來源，由於海岸崎嶇沒有港口靠岸，各種商業交易全憑 longboat 載到訪船上交易。偶有探險船會登陸停留一天。

1998 年英國國際發展司提供協助比開恩發展養蜂事業，發現該地的蜜蜂是世界上最不帶疾病的品種且其蜂蜜係世界品質最好的。而其蜜蜂個

性特別安靜，養蜂者不需
穿著防護衣物；當地馳名
與口碑的蜜蜂外銷至紐西
蘭與英國；更為應女王伊
利莎白二世與查爾斯王子
心愛之物；此外比開恩也
出口各種脫水水果到紐西
蘭。當地勞工人手只有

十五名男女。當地電力係以柴油發電機發電。

## 六、文化、教育與其他：

　　比開恩當地人係當初 Bounty 船上叛變的水手後裔，其通行語言為
洋涇幫英語夾雜大溪地與 Norfolk 當地的土語。當地人信仰早期在 1890
年代為安息教會，近年來只剩下八個島民定期崇拜。釣魚與游泳係當
地人休閒主要活動，每當生日或船舶抵達時，當地人都會群聚歡慶與餐
會，準備各種美食佳餚，大快朵頤一番。公共勞務是每位年齡在十六到
六十五歲之間的男女島民必要的義務，所以公共道路得以永續維護。

　　教育對於五歲到十六歲而言係義務與免費的教育，師資由總督從
紐西蘭登記合格的教師中任命。當地國際電話使用紐西蘭國碼 64，沒
有廣播電台，只能從短波聽取外國電台廣播。電視則有兩個衛星頻道
CNN 與 Turner Classic Movies；並可裝設大小耳朵收看外國電視節目。
網路有政府衛星提供上網服務，每戶每月繳付 100 紐元。該島沒有碼頭
與機場，所有對外交通純靠 longboat 接駁到岸外大船。當地政府經營客
貨包船服務，航行於各島之間。Mangareva 可以從法屬玻里尼西亞首都
Pateete 搭機前往。

# 第五節　托克勞群島(Tokelau)

## 一、基本資料：

首都：Nukunonu（亦是第一大城）

官方語言：托克勞語、英語

政體：君主立憲，英女王為國家名義元首

屬地屬性：1948 年為紐西蘭領地

面積：10 平方公里

人口：1,416 人（2009 年統計）

人口密度：每平方公里：115 人

GDP：15 萬美元（1993 年）

平均國民所得：1,035 美元

通行貨幣：紐西蘭元

網際網路國碼：.tk

國際電話國碼：690

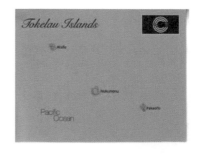

## 二、歷史：

依據考古考據托克勞在一千年前即有人移居而成為東部玻里尼西亞的連結鍊。基本上三個島在活動功能上各自獨立但在文化與語言則一致，島際間曾有戰事也有通婚。主要統治階層為氏族。

1765 年 6 月 24 日海軍司令 John Byron 發現 Atafu 島並將之命名為約克島公爵，當地並未發現居民；1791 年 6 月 12 日 Edward Edwards 艦長發現 Nukunonu 島，而將之命名為克來倫斯島公爵。1835 年 2 月 14 日美國捕鯨船史密斯船長發現 Fakaofo 島，將之命名為 DWolf's Island；1841 年 1 月 29 日美國探險船隊發現 Fakaofo 島，將之命名為 Bowditch 島。1845 年到 1860 年之間，法國與英國傳教士抵達托克勞傳教，當地人大都皈依基督教。1863 年秘魯奴隸貿易商將托克勞群島的 253 名壯丁全數帶走；後來他們大都死於痢疾、天花而少有返回托克勞者，當地管理都由老人會議代勞，後來玻里尼西亞、美國、蘇格蘭、法國、葡萄牙與德國人陸續抵達該地定居並與當地女子結婚，當地人口始得逐漸恢復。

## 三、人文地理：

托克勞群島為紐西蘭領地，由三個熱帶珊瑚礁島組成，總面積約 10 平方公里，位於南太平洋。聯合國安理會曾指定托克勞為非自治政府領地；早期殖民時代歐洲人稱之為友聯群島 (Union Islands)；1946 年稱為托克勞群島；1976 年改稱為托克勞。托克勞在玻里尼西亞土語意思為北風。托克勞群島與托克勞兩名詞意義上略有不同，前者係地理名詞可指群島中的任何一個島；而後者係政治名詞有國家的意涵。

托克勞群島的三個島分別是 Atafu 島，前稱為克拉倫斯集團公爵 (Duke of Clarence Group) 與 Fakaofo 前稱為 Bowditch 島。群島上沒有港

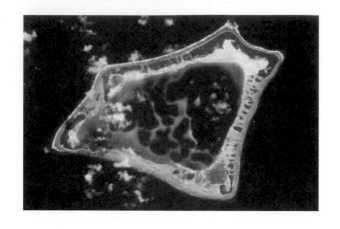

口或碼頭，且位於太平洋颱風地帶。托克勞群島中有第四個島名為情人島 (Swains Island)，不論就文化、地理或歷史而言都屬於托克勞群島，但政治上因 1900 年以來即為美國所統治，1925 年成為美屬薩摩亞的一部分。

美國依據 Guano Islands Act 提出擁有情人島主張；在 1979 年條約中另外三個島割讓給托克勞群島，同時將 Olohega 島建立為美屬薩摩亞與托克勞的疆界。托克勞對情人島的主權主張與馬紹爾群島對威克島的主權主張如出一轍；但當地托克勞人對此種政治意識型態之爭不感興趣；反而對文化上的認同較為重視，畢竟情人島上的居民與托克勞群島有共同語言。

托克勞人種為玻里尼西亞人，沒有少數種族，人口不到 1,500 人，且數字不斷下降主要因為地處孤立且無經濟活動謀生不易僅從事基本維生的農漁業。人口外移到紐西蘭與薩摩亞為主。宗教信仰在 Atafu 為基督教，Nukunonu 為天主教，而在 Fakaofo 兩者皆有；全國信仰比例基督教為 62%、天主教 34%，其他為 5%。托克勞人口陽盛陰衰，男人占 57%；每一戶平均擁有五頭豬。其人民的平均壽命為六十九歲。

## 四、政治：

1877 年大英帝國宣布置托克勞於其保護下，1889 年英國船艦 HMS Egeria 號艦司令 C. F. Oldham 率軍登陸三個島並升旗英國旗，宣布三島

為英國保護地。英國政府將托克勞併入吉爾伯特與愛利斯群島殖民地中，1926 年將托克勞轉給紐西蘭政府。依據 1948 年托克勞法案當地的主權轉移給紐西蘭。當地國防亦由紐西蘭負責。一如紐埃與庫

克群島，托克勞與紐西蘭簽署自由聯盟條約。

英女王伊利莎白二世為其國家元首，女王的代理人為當地代理行政官 John Allen，目前政府首長 Kuresa Nasau 為托克勞治理理事會主席，理事會分別由三個島的領導人與市長組成。行政官傳統上由紐西蘭外交暨貿易部部長任命，政府首長由三個島的領導人輪流擔任，每次任期一年。

依據 1996 年托克勞修正法其立法權屬於一院制的總議會 (General Fono)，議員席位依各島人口比例產生，目前 Fakaofo 與 Atafu 各有七席，Nukunonu 有六席，但三個島的領導人與市長均出席總議會。

2004 年 11 月 11 日托克勞與紐西蘭簽署條約將托克勞的非自治政府改為自治政府，並與紐西蘭組成自由聯盟。而聯合國支持的該地公民投票決定是否自組自治政府，經過 2006 與 2007 年兩次公投結果未超過三分之二多數無法形成自治政府。儘管聯合國秘書長潘文基在 2008 年 5 月鼓勵殖民國完成尚有十六個非自治領地的獨立自治程序，托克勞的公投顯示小島國對去殖民化走向獨立並不熱衷。

## 五、經濟：

　　托克勞是世界上經濟力量最小的國家，每年平均國民購買力不到1,000 美元，政府完全仰賴紐西蘭的補助；每年國家總收入不到 50 萬美元，而花費在 280 萬美元，其赤字由紐西蘭補助。其每年出口總值包括郵票、椰乾、織錦與手工雕刻藝品約 10 萬美元；進口食品、建材與油料約 30 萬美元。紐西蘭負責當地人的教育與醫療費用。當地工業為小型的椰乾生產、木工、編繩手工藝品、郵票、貨幣與漁業；農業與蓄牧則以椰子、椰乾、麵包果、木瓜、香蕉、無花果、豬、家禽與羊肉為主。而僑居在紐西蘭的托克勞人每年匯款回國係重要的國家收入。

## 六、文化教育與其他：

　　由於人口太小，托克勞幾乎不參加任何國際體育組織與活動；唯一參加的就是太平洋運動會；2007 年太平洋運動會，托克勞首次贏得五面獎牌包括三面金牌、一面銀牌與一面銅牌，各獎牌都屬草地保齡球項目，其中兩面金牌由 Violina Linda Pedre 獲得女子組單打與雙打雙料冠軍，她也是托克勞迄今為之最成功出色的運動員。2010 年 10 月托克勞成立桌球協會並成功加入大洋洲桌球聯盟，這是托克勞體育首次走向國際體壇。托克勞也有國家體育聯盟，每年舉辦運動會，運動會舉行期間成

為全國大事，舉國人民幾乎停止所有工作而參與各項競賽或傳統歌舞活動。

托克勞每個島都有一所醫院與學校，負責醫療衛生的衛生部在阿比亞，而首席醫療顧問經常往來與各島之間協助各醫院醫師。教育方面，托克勞的年輕人都前往紐西蘭深造。所以每年到聖誕節前後，船舶上擠滿歸鄉或返校的學生。

托克勞有各島間與到薩摩亞的無線電電話服務各島，也有無線電廣播台提供天氣報告與船期的資訊。每一戶都有收音機。國家擁有一艘船隻航行於托克勞與阿比亞之間，航行時間約一天多。

# 第六節　瓦里斯與伏度那群島 (Wallis and Futuna)

## 一、基本資料：

首都：馬達屋度 (Mata-Utu)

官方語言：法語

通行方言：Uvean 語、伏度那語

種族：玻里尼西亞

政體：依附領地、法國總統為國家元首

　　　　高級行政官為政府首長

　　　　另三個島各有國王一名

屬從關係：1959 年為法國海外領地

　　　　　2003 年為法國海外團體

面積：264 平方公里

人口：15,289 人（2009 年統計）

人口密度：每平方公里 57.9 人

GDP：1 億 8,000 萬美元（2009 年）

平均國民所得：12,640 美元

通行貨幣：法郎

網際網路國碼：. wf

國際電話國碼：681

## 二、歷史：

雖然荷蘭人與英國人早在十七與十八世紀就先發現瓦里斯與伏度那，法國人卻是首先定居該群島。1837 年法國傳教士在當地傳教使當地人皈依天主教。而瓦里斯係以英國探險家 Samuel Wallis 的名字命

名。1842 年月 5 日法國傳教士因當地發生暴亂要求法國政府保護，1887 年 4 月 5 日，瓦里斯島的 Uvea 女王與法國簽署條約正式建立該島為法國保護地；嗣後，1888 年 2 月 16 日伏度那島的 Sigave 與 Alo 等王國的國王與 Alofi 也與法國簽署建立接受法國

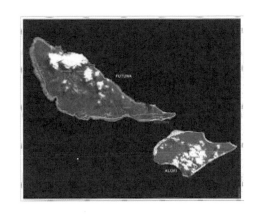

保護的條約，瓦里斯與伏度那成為法國殖民地新喀里多尼亞政府的管轄。1917 年三個傳統王國併入法國成為瓦里斯與伏度那殖民地，仍然歸新喀里多尼亞的統治。1959 年，當地居民投票決議成為法國海外屬地，並自 1961 年生效，結束當地由新喀里多尼亞的統治。

2005 年第 50 位國土 Tomasi Kulimoetoke 二世因收容其犯殺人罪的孫子面臨被迫去職的壓力；他宣稱他的孫子應受土著宗族法而非法國刑法的審判，此事引發支持國王者的街上暴動。兩年後，Kulinoetoke 國王在 2007 年 5 月 7 日逝世，2008 年 7 月 25 日不顧某些王宰宗族的反對，Kapiliele Faupala 登基為王。

## 三、人文與地理：

法屬瓦里斯與沃度那是法國在南太平洋玻里尼西亞法國島嶼領地，但並非法屬玻里尼西亞的一部分，也與玻里尼西亞不相接鄰，是與玻里尼西亞對稱的西端。全國面積有 274 平方公里，人口 15,000 人；領地由三個熱帶火山島組成。群島分兩大島群，相距 260 公里之遙，瓦里斯群島在東北，伏度那群島在西南。群島最高點為伏度那島上的撲克山 (Mount Puke)，高海拔 524 公尺。

群島從 11 月到 4 月為濕熱雨季，5 月到 10 月為乾季；每年平均雨量為 2,500 到 3,000 公釐；平均濕度 80％而平均溫度為攝氏 26.6 度。群島只有 5％的土地係可耕地，森林濫砍供作燃料情況嚴重，造成山坡地容易坍方與土石流失。

## 四、政治：

瓦里斯與沃度那群島分為傳統三個王國，在瓦里斯島的 Uvea、在沃度那西邊的 Sigave 與在沃度那東邊與 Alofi 島上的 Alo 王國。首都 Mata-Utu 在瓦里斯島上，該島也是人口最多的島。做為法國的屬地，該領地在法國依據其 1958 年 9 月 28 日的憲法治理該地。凡十八歲以上當地人民具有選舉權，法國總統每五年選一次，由法國總統在法國內政部建議下任命當地高級行政官，領地政府的總統與議會議長均由議員選出。領地的諮詢理事會 (Council) 成員由三個國王與領地議會建議下由高級行

政官任命三名委員共同組成。

立法部門由一院制的領地議會二十名議員組成，議員由人民普選任期五年。瓦里斯與沃度那選出一名參議員出席法國參議院與一名代表出席法國國民大會。

司法部門通常由法國法律下在首都馬達屋度的一審法庭主理，而三個傳統王國亦依照習慣法審理非刑事案件。上訴法庭則在新喀里多尼亞的首都諾美亞。

瓦里斯與沃度那是太平洋共同體秘書處的永久會員，也是太平洋島國論壇的觀察員。

## 五、經濟：

瓦里斯與伏度那群島 2005 年的 GDP 為 1 億 8,800 萬美元，較法屬的海外屬地為低，但較大洋洲的小島國為高。領地的經濟侷限於傳統基本為生的農業，約占 80% 的勞力市場，主要從事椰子、蔬菜種植、養豬與打漁；有 4% 的人力受僱於政府部門；國庫收入來源為法國補助、收取日本與南韓入漁費、進口關稅與海外打工工人匯回的匯款。工業包括椰乾、手工藝品、魚撈與木材業；農業則包括麵包果、蕃薯、芋頭、香蕉、豬與羊。2007 年進口總值 6,300 萬美元，主要進口食品、製造品、交通設備、燃料與衣物，進口國為法國、新加坡與紐澳。該地沒有貨物出口，僅在 2006 年出口 12 萬 2,000 美元，全屬 19 噸的貝殼。群島僅有一家銀行瓦里斯與伏度那銀行。

## 六、文化與其他：

　　瓦里斯與伏度那群島 2008 年普查人口有 13,484 人，比 2003 年的人口 14,944 人少。大部分的人口是玻里尼西亞裔，僅有少數法國人與當地出生的法國裔白人。有為數 16,000 名瓦里斯與伏度那人僑居在新喀里尼西亞。

　　瓦里斯與伏度那的文化主要是玻里尼西亞，音樂方面也是。有一種著名的東加戰士舞叫做 Kailao，事實上係由 Uvea 傳到東加的。

　　依據 2008 年對年齡在十四歲以上所做的普查，88.5％的表示能說寫與讀瓦里斯與伏度那當地語文；7.2％表示完全不會；78.2％表示能說寫讀法文，17.3％表示完全不會。

　　在 1994 年，當地有 1,125 具電話，一家調幅廣播電台、兩家電視台，因此通訊費非常貴，約為西方國家的十倍。瓦里斯島上公路總長度為 100 公里，其中僅 16 公里鋪有柏油；在伏度那島僅有沒撲柏油的道路總長度為 20 公里。群島有兩個港口與碼頭，Mata-Utu 與 Leave，群島僅有三艘船，兩艘客船，一艘油船。有兩個機場，一個在瓦里斯，有

2100 公尺的鋪柏油跑道；另一個在伏度那島僅有沒鋪柏油的跑道長 1 公里。

# 第四章 區域國際組織的特性與分類

## 第一節　區域國際組織的特性

太平洋島嶼國與領地多屬小國寡民，經濟落後，地理上受天然災害侵襲而具非常脆弱性，教育資源與發展受限、衛生醫療缺乏與仍處維持基本生存的貧瘠農漁業等而亟需仰賴國際強國或國際組織援助。該地區的區域國際組織應運而生旨在協助各島嶼國與領地解決與克服所面臨的各項問題與挑戰。這些區域性國際組織的特性如下：

### 一、先進國捐贈經費並主導：

太平洋島嶼國多屬開發中國家，國窮民困，所以該地區的區域性國際組織大多由紐、澳、歐盟、美國、日本與中共等捐贈。其中尤以規模最大的太平洋島國論壇為然。澳洲為該論壇的最大捐贈國，而也因此主宰會議重要的議題。在澳洲與斐濟交惡後，在澳洲的堅持下，斐濟迄今而被中止會員資格，雖先後有其他島國會員聲援斐濟，迄今斐濟仍未能重返該論壇。

### 二、功能或技術性導向：

除太平洋島國論壇具有高度政治性外，其他太平洋島國地區的區域國際組織具有濃厚的功能性或技術性導向，這也是因為島國類多屬低度開發中國家，需要外援以協助其發展必然的現象。

### 三、團結合作以求自主性：

　　島國雖然多屬小國寡民經濟落後的開發中國家必須仰賴外援，但許多島國擁有豐富的椰子、漁業與礦產等天然資源，因此為保護其資源避免相關列強爭相尋求獲取當地的資源，造成竭澤而漁促使其天然資源早日枯竭，島國採取必要的防範措施而最有效的就是島國相互合作共組相關的區域性組織，發揮集體力量建立有效的管控制度與措施。最成功的例子是相關的區域性漁業組織。

### 四、會員與功能重疊性：

　　太平洋島國已獨立自主者僅有十四個，尚為屬地的有六個，而當地區域國際組織多達九個，各島國依照其本身權益的考量，分別加入不同的區域國際組織，所以其會員重疊性相當高；而各區域國際組織的功能重疊性亦高，其中尤以漁業的區域組織最凸顯。

## 第二節　區域國際組織的分類

　　太平洋島國與屬地間的區域國際組織最簡單的分類，可以成員國有列強參與的區域國際組織與僅有當地島國與屬地參與的排他性區域國際組織。前者如太平洋島國論壇、中西太平洋漁業委員會；後者如諾魯協定簽約國等。有列強參與的區域國際組織，參與的列強類多為相關經費的捐贈國或提供者，而當地島國則屬於受惠國，因此此類區域國際組織重要的議題、活動甚至重要職位都由列強所主導。另外當地的區域國際組織可依其性質，分為下列各類：

## 一、政治性區域國際組織：

這種區域國際組織主要在商討政治與經濟發展等議題，最具代表性的是太平洋島國論壇與太平洋共同體秘書處；另外有太平洋島嶼立法機構協會，雖然討論的議題為政治與立法，但其成員卻非以國家為必要條件，地方政府或立法機構亦可申請加入為會員。

## 二、功能性區域國際組織：

此類的區域國際組織在太平洋島國與屬地出現最多，包括南太平洋教育評估委員會與南太平洋應用地理科學評估委員會。

## 三、專業性區域國際組織：

此類區域國際組織最重要的任務在於維護該區擁有豐沛的漁業資源而成立，因此這種組織數量也最多，包括中西太平洋漁業委員會、論壇漁業處以及諾魯協定簽約國。

# 第五章 太平洋區域國際性組織

## 第一節 太平洋共同體秘書處 (Secretariat of The Pacific Community, SPC)

緣起：太平洋共同體秘書處原名稱為南太平委員會 (The South Pacific Commission, SPC)，係依據六個締約國所簽署的坎培拉協定在 1947 年成立的。當時該六個締約國為澳洲、法國、紐西蘭、荷蘭、英國與美國係管理或託管二次大戰後太平洋島嶼的政府；以協助該等島嶼渡過在二次大戰期間所受到的不安衝擊，並早日恢復和平穩定，嘉惠其人民利益而設立。

1962 年薩摩亞係第一個島嶼成為獨立國家，並在 1965 年獲准加入成為第一個島國會員；嗣後各島嶼紛紛獨立，到 1983 年，第 23 屆南太平洋會議 (South Pacific Conference) 在塞班島舉行，所有二十二個島嶼國家與領地正式被接納為完全會員與贊助會員。

1997 年該組織主辦第 50 屆會議時正式更名為現名太平洋共同體以反映該組織會員具太平洋普及性；迄至 2010 年，SPC 的會員已多達二十六個，包括原四個創始會員國 ( 荷蘭與英國分別於 1962 年與 2004 年因對太平洋利益失去興趣而退出 )。

任務與組織架構：SPC 主要任務在提供會員國技術協助、訓練與研究以協助會員有效因應所面對的挑戰，以及對其未來世代作出有利永續發展的決策；以

達致一個安全與繁榮的太平洋共同體，使其人民享有良好教育、健康醫療環境並能在經濟上、環境上以及社會上妥善經營其資源以建立永續發展。共同體下設六個部門包括：

1. 經濟發展處 (Economic Development Division)：
2. 漁業、水產與海洋生態處 (Fisheries, Aquaculture and Marine Ecosystems, FAME)：
3. 土地資源處 (Land Resources Division)：
4. 公共衛生處 (Public Health Division)：
5. 社會資源處 (Social Resources Division)：
6. 應用科學與技術處 (Applied Science and Technology Division)：

此外，共同體另有三個組織，分別為：

1. 南太平洋教育評估董事會 (The South Pacific Board for Education Assessment, SPBEA)
2. 公司服務與計畫支援服務 (Corporate Services and Programme Support Services):
3. 戰略合作、政策與計畫協助 (Strategic Engagement, Policy and Planning Facility)。

**會員**：共有二十六個國家或領地，包括澳洲、法國、紐西蘭、美國四個創始會員，其他會員為美屬薩摩亞、庫克群島、斐濟、法屬玻里尼西亞、關島、吉里巴斯、馬紹爾群島共和國、密克羅尼西亞聯邦、諾魯、新喀里多尼亞、紐埃、北馬利安那群島、帛琉、巴布亞新幾內亞、比開恩群島 (Pitcairn Islands)、薩摩亞、索羅門群島、托克勞、東加、土瓦魯、萬那杜以及瓦里斯與伏度那 (Wallis and Futuna)。

該組織總部設在新喀里多尼亞首府諾美阿 (Noumea)。

會議：SPC 每兩年召開太平洋共同體會議 (Conference of the Pacific Community)，係該組織的主管機構，對重大議題採取每會員一票平等制；另外有政府代表與行政委員會 (The Committee of Representatives of Governments and Administrations, CRGA) 每年舉辦會議一次，倘共同體會議因故無法召開時，此委員會將獲授權代表 SPC 作決策。

角色與功能的蛻變：從一開始，SPC 的角色就受到限制，在 1947 年創設時，澳紐在發給美國、法國、荷蘭與英國邀請出席南海委員會會議 (South Seas Commission Conference) 時，並附了一個聲明：此委員會的設立並未獲授權討論有關政治、國防與安全的事務。這一個限制討論政治、國防與安全議題尤其是該地區核武試爆問題，導致最後建立了南太平洋論壇 (South Pacific Forum)，也就是現在太平洋島國論壇的前身，這個論壇不但排擠法國、英國與美國，並且也排擠他們的屬地的參與，顯然澳紐有意獨霸此一地區。

SPC 今天是擁有十個會員的太平洋地區組織理事會 (Council of Regional Organizations in the Pacific, CROP)中最具歷史與最龐大的組織。這個理事會在政治議題上係由太平洋島國論壇秘書處領銜主導的一個諮詢組織。在 1970 年代，自從 SPC 將區域政治性議題的協調任務由 SPC 會議轉移到南太平洋論壇，SPC 的任務就專事於提供其會員的政府有關技術、諮詢、統計與資訊等協助。

# 第二節 太平洋島國論壇 (Pacific Islands Forum, PIF)

太平洋島國論壇 (Pacific Islands Forum, PIF) 是太平洋島國最重要與規模最大的區域性組織。

**緣起**：1971 年 8 月 5 日至 7 日，首次的南太平洋論壇在紐西蘭首都威靈頓舉行，出席國家代表有諾魯總統，西薩摩亞、東加、斐濟與庫克島總理、澳洲外貿部長與紐西蘭總理。這是一個非正式與私下討論共同關切議題的論壇，旨在探討影響南太人民日常生活的事務，尤以貿易、海運、觀光與教育為重點。此後，每年輪流在不同會員國國家舉辦一次。1999 年，第 30 屆南太平洋論壇決定轉型與更名為現名太平洋論壇，使成為更廣泛與正式的論壇。且在每年論壇高峰會後，立刻舉行與發展合作夥伴部長級的會後對話 (Post Forum Dialogue, PFD)。

**任務與組織架構**：太平洋島國國論壇的任務在透過國際組織與會員國政府間的合作與支持，提升太平洋獨立島國人民的經濟與社會福祉。論壇下設有秘書處 (Pacific Islands Forum Secretariat, PIFS)，由前南太平洋經濟合作局 (South Pacific Bureau for Economic Cooperation, SPBEC) 擴編而成，負責協調會員國間各種區域性政治與政策議題的立場。秘書處地點設在斐濟首都蘇瓦，設有秘書長一人，該秘書長同時兼任太平洋區域組織理事會（Council of Regional Organization in the Pacific, CROP）主席。

秘書處之下設有四個處：

1. 發展與經濟政策處 (Development and Economic Policy)
2. 貿易與投資處 (Trade and Investment)
3. 政治、國際與法務處 (Political, International and Legal Affairs)
4. 合作服務處 (Corporate Services)

2010 年 3 月 29 日成立首席談判顧問辦公室 (Office of the Chief Trade Adviser) 對論壇會員國提供獨立諮詢與協助以與紐澳談判太平洋緊密經濟合作關係 (Pacific Agreement on Closer Economic Relations Plus, PACER Plus)。

會員國與對話伙伴：論壇共有十六個會員國，包括澳洲、庫克島、斐濟、密克羅尼西亞、吉里巴斯、馬紹爾群島、諾魯、紐西蘭、紐埃、帛琉、巴布亞新幾內亞、薩摩亞、索羅門群島、東加、土瓦魯與萬那杜。副會員國 (Associate Member) 有新喀里多尼亞、法屬玻里尼西亞、托克勞、瓦里斯與伏度那、聯合國以及亞洲開發銀行。另對話夥伴 (dialogue partners) 有美、加、歐盟、法國、印度、印尼、日本、義大利、南韓、馬來西亞、菲律賓、泰國與英國。

澳洲係最大的會員國，其人口為其他十五個會員國的兩倍、而經濟為其他會員國的五倍。紐澳是論壇的最大捐助國，也是最大的貿易市場。此外，紐、澳也是該區和平與安全的主要維護者。2000 年時在吉里巴斯 Biketawa 島舉行第 31 屆論壇高峰會時，通過 Biketawa 宣言，論壇將派遣維和部隊前往有動亂社會不穩定的會員國維持治安與和平，先後派遣赴索羅門群島、諾魯與東加等國。

斐濟被中止參與論壇活動：2008 年會員國之一的斐濟發生軍事政變，由軍人執政，開民主的倒車，引起西方國家與會員國的一致譴責，在紐澳的帶領下，論壇在當年 8 月警告斐濟如在 2009 年 5 月 1 日前不舉行大選將中止其會籍與活動。此一警告被斐濟悍然拒絕。到了 2009 年 5 月 1 日警告截止日時，斐濟依然故我，因此論壇立刻無限期中止其會籍與活動。這是該論壇成立以來對其會員國開鍘的首例。

**重要成就：**

1. 太平洋島國貿易協定 (Pacific Island Countries Trade Agreement, PICTA)：2006 年太平洋島國論壇的十二個會員國 ( 馬紹爾群島與帛琉未簽 ) 簽署了太平洋島國貿易協定 (Pacific Island Countries Trade Agreement, PICTA) 用以推動建立一個十四個 ( 紐澳除外 ) 論壇會員國間的自由貿易區。到了 2008 年 3 月，庫克群島、斐濟、紐埃、薩摩亞、所羅門群島與萬那杜等六個國家宣布其國內已安排就緒能開始依該協定實施自由貿易。該協定正式開始生效，會員國承諾在 2021 年以前將移除大部分物品的關稅。

   2008 年 4 月，論壇會員國開始與歐盟談判簽署經濟伙伴協定 (Economic Partnership Agreement, EPA) 。在此之前，太平洋島國貿易協定所規定的範圍僅限於貨物，2008 年 4 月以後，論壇會員國又開始談判簽署包括服務與自然人暫時性移動的自由協定。

2. 太平洋航空服務協定（Pacific Island Air Services Agreement, PIASA）：開放天空係多國追求的政策，太平洋島國論壇簽署了太平洋航空服務協定（Pacific Island Air Services Agreement, PIASA）使會員國間的飛機能自由在彼此的領空內飛行，迄今為止，共有庫克群島、吉里巴斯、諾魯、紐埃、巴布亞新幾內亞、薩摩亞、索羅門群島、東加、土瓦魯與萬那杜等十個會員國簽署，但僅有庫克群島、諾魯、紐埃、薩摩亞、東加與萬那杜等六國批准。

3. 紐埃氣候變遷宣言：2008 年 8 月 19 日至 20 日論壇在紐埃召開，討論太平洋計畫各項優先議題包括漁業、能源、貿易與經濟整合、氣候變遷與交通、資訊與交通技術、衛生、教育與良治政府，並通過紐埃氣候變遷宣言（Niue Declaration on Climate Change）。聯合國也宣布將與薩摩亞合作成立一個跨部會的氣候變遷中心以協助太平洋島國對抗氣候變遷的影響。

4. 2009 年論壇公報：2009 年 8 月 5 日至 6 日第 40 屆論壇峰會在澳洲東北部的城市凱恩斯舉行，會後發表公報，其內容涉及重要的決定有：

   （1）氣候變遷：呼籲 2012 年後全球氣候平均升溫不超過攝氏 2 度；各國在 2050 年以前減少二氧化碳排放量至少低於 1990 年的 50%；確保全球在 2020 年以前限制排放最高量。

   （2）PACER Plus：各國領袖同意立即依據各國貿易部長的建議，進行太平洋緊密經濟合作關係的談判。

   （3）斐濟問題：呼籲斐濟政府儘速恢復民主以便在論壇再次扮演其適當的角色。

   （4）關閉 SOPAC：同意自 2010 年元月起太平洋島嶼應用地質科學委員會 (Pacific Islands Applied Geoscience Commission, SOPAC) 正式併入太平洋共同體秘書處 (Secretariat of Pacific Community, SPC)。

   （5）漁業問題：為克服障礙以保護區域漁業，同意在 2010 年初由澳洲召開漁業與法務部長會議進行談判以便在 2012 年以前達致簽署新的法律文件的形式與談判程序路線圖。

（6）原油大宗採購方案：領袖論壇歡迎庫克群島、諾魯、土瓦魯與紐埃所簽署關於在太平洋石油計畫名義下各會員國簽署該倡議的瞭解備忘錄。

（7）終止 PRAN: 領袖論壇鑑於諾魯已經達致預期的目標，同意終止太平洋區域協助諾魯方案 (Pacific Regional Assistance to Nauru, PRAN)，為能將協助諾魯在面對各項經濟社會、基礎設施與發展的挑戰，繼續對其改革進程給予協助。

5. 凱恩斯公約 (Cairns Compact)：第 40 屆論壇峰會同時也通過加強太平洋發展協調的凱恩斯公約 (The Cairns Compact on Strengthening Development Coordination in the Pacific)，該公約建立了一系列的有關捐助國與受援國報告與檢閱機制，其要點如下：

（1）論壇會員島國的國家發展計畫程序的同儕檢閱；

（2）論壇會員島國的國家發展計畫報告；

（3）發展伙伴依照巴黎宣言與阿克拉太平洋援助效益原則行動進程表 (Accra Agenda for Action and Pacific Principles on Aid Effectiveness) 之規定，提交發展協調報告；

（4）對本區的千禧年發展目標與發展效益進度的追蹤；

（5）與私人企業展開高階對話；

（6）設計一套路線圖以強化論壇會員島國的公共支出管理、採購可信度與監控制度；

（7）改善論壇會員島國的發展資料以提升其決策、監督與評核的能力。

# 第三節　太平洋區域組織理事會 (Council of Regional Organizations in the Pacific, CROP)

**任務與組織架構**：理事會旨在提供咨詢服務以避免其各會員組織的各項工作計畫重疊或差距過大。理事會下設各種分門別類的工作群組，包括海洋資源組、衛生與人口組、土地資源組與教育資訊與傳播技術組；這些群組共同合作負責擬定各種區域計畫與政策的制訂；同時也提供太平洋島國論壇政府間工作群組參與聯合國以及其他國際談判的技術諮詢。不過，自從太平洋島國論壇成立太平洋計畫後，太平洋區域理事會的工作群組的角色逐漸縮小。

**會員**：理事會成員包括太平洋島國論壇秘書處、太平洋共同體秘書處、太平洋島國論壇漁業處、南太平洋應用地裡科學委員會、太平洋區域環境計畫秘書處 (Secretariat of the Pacific Regional Environment Programme)、南太平洋觀光組織 (South Pacific Tourism Organization)、南太平洋大學、太平洋島國發展計畫 (Pacific Islands Development Programme)、斐濟醫學院、太平洋電力協會 (Pacific Power Association, PPA) 與南太平洋教育評估董事會 (South Pacific Board for Educational Assessment)。

**會議**：理事會下個組織代表每年舉行會議一次。

# 第四節 南太平洋教育評估委員會 (South Pacific Board of Education Assessment, SPBEA)

這是一個國際政府間的區域性組織，成立於 1980 年；以協助區域或會員國發展國家或區域教育評估憑證。

任務與組織架構：評估委員會的主要任務有三，

1、提升學生學習的品質

2、管控太平洋島國教育資料的質與量

3、提供符合國際水準的高品質教育與國際接受的認證

**會員國**：共有斐濟、吉里巴斯、諾魯、托克勞、束加、土瓦魯、薩摩亞、所羅門群島與萬那杜等九個國家。

**主要成就**：委員會分別自 1989 年與 2004 年起負責太平洋各會員島國的高中文憑與南太平洋地區中學七年級學生的學歷認證；近年來透過良好教學與過程的評估，協助會員國改善教學品質，包括引進學習評估 (Assessment of Learning)、管控教學、數字教育、生活技能標準、分析學生學習效果與找出問題癥結與設計評估的資材以協助改善其教學水平。2006 年委員會完成兩件成就，一為與聯合國交科文組織及聯合國兒童基金會合作，設計一套區域識字教育、數字教育與生活技能的標準，另一為建立了一套區域教育評鑑與認證制度取代原採用的紐西蘭的制度。

# 第五節 南太平洋應用地理科學委員會 (South Pacific Applied Geoscience Commission, SOPAC)

這是一個對其會員國或領地提供有助於各該國永續發展協助的政府間區域組織。

**任務與組織架構**：SOPAC 下設秘書處，總部在斐濟首府蘇瓦。SOPAC 的主要工作計畫有每年所舉行的管理理事會 (Governing Council) 在秘書處的各會員國代表、科技諮詢小組 (Technical Advisory Group, TAG) 與科技與資源網路 (Science, Technology and Resources Network, STAR) 協助審查檢討。其協助會員國與領地的主要領域有三：

1. 海洋與島嶼：主要在研究發展與管理海洋與島嶼非生活必需品的資源以解決有關海床資源、能源、海洋劃界的問題以及監控海洋處理。

2. 社區生命線：主要在加強會員國與領地在能源、飲水衛生與資訊交通的能力。

3. 社區危機：主要以透過改善災難評估與危機處理的能力以減少各社區的脆弱性。

**會員國**：會員國或領地包括澳洲、庫克群島、密克羅尼西亞聯邦、斐濟、關島、吉里巴斯、馬紹爾群島、諾魯、紐西蘭、紐埃、帛琉、巴布亞新幾內亞、薩摩亞、索羅門群島、東加、土瓦魯與萬那杜；美屬薩摩亞、法屬玻里尼西亞與新喀里多尼亞則為副會員 (associate members)。

**主要活動**:SOPAC 每年舉辦一次年會，年會由秘書處的管理理事會 (Secretariat Governing Council) 所舉辦，包括四個部分：

1. 大會 (Plenary Session) 涵蓋會議程序與各會員國、捐贈國或組織以及秘書處所提的報告；這是一個專屬管理理事會的會議，其他應邀出席的代表僅係以觀察員身分，對 SOPAC 非技術性議題如合作與捐贈的討論提供意見。

2. 技術諮詢委員會 (Technical Advisory Group, TAG) 會議：旨在討論 SOPAC 的各項工作計畫；

3. 科技與資源網路 (Science Technology and Resources Network, STAR) 會議：是個公開討論有關南太平洋的地理科學研究報告以及就各會員國與國際地理科學機構的科學家們交換資訊與意見的會議。

**重要成就**：各會員國或領地直接透過 SOPAC 所提供基本地質知識或間接透過對陸地與海洋使用的改善，而能改善其人民的飲水衛生條件、對礦產資源的發展災難與危機處理能力的增強從而增加其國家與人民的收益，邁向永續發展之路。

SOPAC 與 SPBEA 合併入 SPC：SPOAC 與 SPBEA 原本係獨立的區域組織，2010 年 10 月 25 日至 29 日太平洋論壇秘書處 (Secretariat of the Pacific Community, SPC) 在法屬喀里多尼亞首府諾美阿舉行的 SPC 會員國政府代表委員會的第 40 屆年會時，為提升對二十二個太平洋會員島國的技術工作服務與協助，決定自 2011 年元月 1 日起，SOPAC 與 SPBEA 合併入 SPC 成為其下的一個部門。自此，SPC 對於會員國的技術性援助計畫的經費高達一億美元，占 SPC 全部經費的 68％。

# 第六節　中西太平洋漁業委員會 (West and Central Pacific Fisheries Commission, WCPFC)

**緣起**：1994 年太平洋相關國家為了保護中西太平洋迴游魚類，經過六年冗長的談判，終於簽署了中西太平洋高度迴游魚類保護與管理公約 (Convention for the Conservation and Management of Highly Migratory Fish Stocks in the Western and Central Pacific Ocean, WCPF Convention)。這個公約在 2004 年 6 月 19 日正式生效，依據這個公約而成立了中西太平洋漁業委員會。委員會所在地設在密克羅尼西亞的首府波那貝（Pohnpei）。

**任務與組織架構**：這個公約內容除從聯合國魚群協定 (UN Fish Stocks Agreement, UNFSA) 取材外，並同時反映中西太平洋地區特別政治、社會經濟、地理與環境特性。這個公約尋求解決公海捕漁所衍生的問題包括：無節制的漁捕、過度投資、船隊過多、漁船重新註冊掛旗逃避管制、若干捕漁具械不足、資料庫不全以及多邊合作不足等。

委員下設有三個機構，即科學委員會、技術與法治委員會 (Technical and Compliance Committee) 與北方委員會 (Northern Committee)；每個委員會每年舉行會議一次，三個委員會都舉行會議後，緊接著中西太平洋漁業委員會將舉行全會（full session）。

**會員**：正式會員包括澳洲、中國大陸、加拿大、庫克島、歐盟、密克尼西亞聯邦、斐濟、法國、日本、吉里巴斯、南韓、馬紹爾群島共和國、諾魯、紐西蘭、紐埃、帛琉、巴布亞新幾內亞、菲律賓、薩摩亞、索羅門群島、我國 (Chinese Taipei)、東加、土瓦魯、美國與萬那杜。另有所謂出席領地 (participating territories) 包括：美屬薩摩亞、北馬利安

那群島、法屬玻里尼西亞、關島、新喀里多尼亞、托克勞 (Tokelau) 以及瓦里斯與伏度那 (Wallis and Futuna)。合作非會員：包括貝里斯、印尼、塞那加爾、墨西哥、厄瓜多與越南。

## 第七節　論壇漁業處 (Forum Fisheries Agency, FFA)

**緣起**：太平洋漁業處係依據南太平洋論壇漁業處公約 (South Pacific forum Fisheries Agency Convention) 而設立，以強化會員國管理、控制與發展其鮪魚漁捕的能力並促進區域的團結。

**會員國**：該處總部設在索羅門群島共和國首府 Honiara；會員共有澳洲、庫克群島、密克羅尼西亞聯邦、斐濟、吉里巴斯、馬紹爾群島共和國、諾魯、紐西蘭、紐埃、帛琉、巴布亞新幾內亞、薩摩亞、索羅門群島共和國、托克勞 (Tokelau)、東加、土瓦魯與萬那杜等十七個國家。申請會員國三個先決條件是：必須為主權國家或託管地、必須在南太平洋內與必須支持 FFA 公約的主旨。

**任務與組織架構**：該處主要任務在協助會員國永續經營其 200 海里經濟專屬區的漁業資源，提供專業技術協助，鮪魚資源政策與出席區域漁業組織會議的諮詢。該處自 1979 年成立以來先後經由區域合作使得所有太平洋島國受益於年收入超過 30 億美元的鮪魚銷售收入，成為島國人民重要的生計。

為期使會員國的漁業達到經濟與社會效用最大化，該處有三大主要任務：

　　1. 管理漁業以確保鮪魚永續供應與使用；

　　2. 發展漁業以捕撈、加工與行銷鮪魚創造就業機會，增加收入與

繁榮漁業。

3. 監控與調查漁業以禁絕非法捕漁，確保漁捕利益歸守法的漁民所有。

為推動與執行任務，該處設有論壇漁業委員會 (Forum Fisheries Committee, FFC)。委員會由十七個會員國各派一名代表組成，其代表亦可設副代表協助其業務。委員會每年舉行年會一次，通常在 5 月的第一週；另每年舉行一次特別會議，會議不對外開放，有關決議採共識決。

DEVFISH:FFA 的戰略計畫有兩項主要的計畫，即管理計畫與發展計畫。而 DEVISH(The Development of Tuna fisheries in the Pacific ACP Countries Project) 是由歐盟提供基金的發展計畫，其目的在增加太平洋島國鮪魚業者的經濟利益。其目標在創造有利漁業發展與加工作業方面正確的政策與經濟發展環境以協助私人企業發展。其下設有三位全職計畫人員，此三位計畫官員遍訪十四個會員國。該計畫主旨在提供區域思維與國家行動。區域方面，提供鮪魚發展的分析，諮詢與訓練；國家方面則提供廣泛的活動，包括加強漁業的組織與改善私人部門與政府部門的諮詢、協助提升海產的安全需求規格以便輸出歐洲市場。目前已有十二個會員國接受其有關技術研究、訓練、設備與對漁業組織的協助。

重要成就：FFA 管理與提供有關漁業條約與協定的談判與會議的協助，迄今先後完成的協定有密克羅尼西亞協定 (FSM Arrangement)、帛琉協定 (Palau Arrangement)、諾魯協定 (Nauru Agreement)、紐埃條約 (Niue Treaty) 與美國多邊條約 (US Multilateral Treaty)。

# 第八節　魯協定簽約國 (Parties of Nauru Agreement，PNA)

**緣起**：為了保護鮪魚的永續存在而設計一套管理與保存的機制，並使會員國的經濟利益達到最大化。1982 年太平洋島國八個國家簽署諾魯協定而成立。

**任務與組織架構**：鮪魚係太平洋島國的經濟命脈，控制全世界 25% 的鮪魚供給量。保存與管理鮪魚捕釣係唯一可以使該地區鮪魚不致枯竭的辦法。所以諾魯協定會員國制訂了一系列嚴謹的保護與管理措施包括：關閉區內公海廣達 450 萬平方公里的海域禁止獲得在該區經濟專屬區捕漁許可的圍網船漁捕、禁止在鯨鯊出沒的區域附近設置圍網、禁止在每年 7、8、9 月間使用吸引魚群集結裝置 (fish aggregation devices, FAD) 捕漁、船上保留全數的漁獲不得傾倒低價的漁獲以及所有漁船聘僱會員國觀察員隨船觀察監控。

**會員國**：共有密克羅尼西亞聯邦、吉里巴斯、馬紹爾群島共和國、諾魯、帛琉、巴布亞新幾內亞、索羅門群島共和國以及土瓦魯等八國。總部設在馬紹爾群島共和國首府馬久羅 (Majuro)。

**重要會議與成就**：該組織被太平洋島國區域的期刊《*Islands Business*》選定為 2010 年的組織 (The Organization of the Year for 2010)。該組織鑑於其會員國擁有總數 1,430 萬平方公里的海域，每年生產 120 萬公噸的鮪魚量，價值約 1,000 億美元但該區會員國所享有的不過 20 億美元，僅占五十分之一。為期求得會員國的經濟利益達最大化，乃有共同合作盼能比照石油輸出國家組織 (OPEC) 建立鮪魚輸出國家組織 (OTEC)，以供給國身分對價格取得主控權。

Vessel Day Scheme(VDS)： 除了上述採取各項保護措施外，並施行 Vessel Day Scheme(VDS) 方案，規定每年限制捕漁的天數與捕漁數量的配額，而此配額得以公開拍賣方式，開放給船東競標購買捕漁日配額。VDS 主要用意在限制與減少鮪魚捕獲量，以增加會員國的收益。此一 VDS 的設計在於取代帛琉協定有關係太平洋圍網捕漁協定附件一以限制圍網漁船數量為 205 艘的規定，改以捕漁天數為標準。

對圍網漁船限定捕漁天數，VDS 成為限制漁捕在永續經營水平內的一個有效的管理工具。而且因遠洋捕漁國之間為購得捕漁天數而競標，使會員國能獲得最大的經濟利益。

在 VDS 下，每艘圍網漁船依據其長度的大小，分配如下：

1. 每艘圍網漁船總長度小於 50 公尺者減少半天捕漁日；
2. 每艘圍網漁船總長度介於 50 公尺與 80 公尺之間，減少捕漁日一天；
3. 每艘圍網漁船總長度超過 80 公尺，減少捕漁日一天半。

諾魯協定簽約國先後簽署或通過若干的協定或宣言如下：

1. 諾魯協定（1982 年）
2. 帛琉協定
3. 第一次 PNA 執行辦法
4. 第二次 PNA 執行辦法
5. 第三次 PNA 執行辦法（2008 年 5 月）
6. Bikenibeu 宣言（2009 年吉里巴斯）
7. Koror 宣言（2009 年帛琉）

# 第九節　太平洋島嶼立法機構協會 (Pacific Islands Association of Parliamentary Legislators, APIL )

**成員與緣起**：本組織成立於 1981 年，係由太平洋密克羅尼西亞島嶼國家國會議員與州議員組成。其成員並非以國家為基本，美國夏威夷與關島及密克羅尼西亞邦聯等均是以州之身分參加。原則上，每個會員國或州可指派二位國會議員或州議員代表參與 APIL 組織。現有會員如下：

美屬美屬薩摩亞

北馬利安那國協 (Commonwealth of the Northern Marianas)

關島

密克尼西亞邦聯丘克州 (FSM State of Chuuk)

密克尼西亞邦聯寇士萊州 (FSM State of Kosrae)

密克尼西亞邦聯波那培州 (FSM State of Pohnpei)

密克尼西亞邦聯雅普州 (FSM State of Yap)

馬紹爾群島共和國

帛琉共和國

夏威夷州

諾魯共和國

吉里巴斯共和國

**功能與成就**：該組織總部設立於美國關島，與美國政府關係密切，並獲得美國政府及夏威夷與關島等州各項支援。諸如未來關島擬擴建軍事設施，將提供成員國勞工就業機會，夏威夷州亦曾捐贈醫藥及電腦設

備予吉國。

　　該協會定期集會討論區域合作、協調、交換與協助等領域議題以協助各會員政府透過集體行動達致目標。會議的議題甚為廣泛包括而不限於：資源與經濟發展、立法、能源、區域安全與防衛、通訊、文化、衛生與社會服務、教育、農業、海空運輸、水產養殖、體育與娛樂、青年與老人、觀光、政治地位、外交關係與發展融資。

　　2010 年 6 月該組織在吉里巴斯開會通過支持我國參與聯合國氣候變化綱要公約 (UNFCCC) 及國際民航組織（ICAO）的決議案。

## 第六章 列強在太平洋的權力爭逐

### 第一節 美國的軍事戰略安全與經濟利益

　　美國對於太平洋島嶼國有密切的軍事、戰略、安全與經濟利益，美國透過自由結合國家 (Freely Associated States, FAS) 一向把關島與北馬里安那群島視為美國的安全邊界，為其維護重要航海航線關鍵所在。這個自由結合國家為關島提供了緩衝區，成為美國一但採取軍事行動時的一個前進軍事灘頭堡 (forward military bridgehead)，可以延伸從南韓、日本經泰國、菲律賓到澳洲構成一條亞太安全弧線。冷戰結束後，美國對太平洋地區的注意力逐漸減小，並與澳洲達成默契，以赤道為界，其北的安全防禦由美國擔綱，以南則由澳洲主掌。

　　自由結合公約 (Compact of Free Association, CFA)：1947 年原聯合國委託美國管理的密克羅尼西亞群島，到 1978 年北馬里安那群島與美國簽署國協協定；1986 年馬紹爾群島與密克羅尼西亞與美國簽署自由結合公約。

　　在這個自由結合公約下，美國從 1987 年到 2003 年分別提供馬紹爾群島與密克羅尼西亞 10 億與 15 億美元的援贈款；2003 年當時的布希總統將該約延長二十年，即自 2004 年到 2023 年由美國分別提供馬紹爾群島與密克羅尼西亞 6 億 2,900 萬與 14 億美元的援贈款。

　　1955 年帛琉與美國簽署自由結合公約為期五十

年，美國從 1995 年到 2009 年提供 4.5 億美元的援贈款，另規定在援贈款到期後，該約將成立一個信用基金提供帛琉政府經費財源。

美國與 FAS 安全關係：美國將提供自由結合公約會員國的安全保護傘，在成員國遭受攻擊時美國有義務護衛。但美國對成員國的國防政策亦擁有所謂的國防否決權 (defense veto) 與戰略拒絕權 (right of strategic denial)。2001 年當我國敦睦艦隊擬前往馬紹爾訪問時，美國以對美國與中共關係造成敏感為由婉拒前訪。

卡瓦加連飛彈試射場（雷根飛彈試射場）：依據自由結合公約美國得在馬紹爾群島駐軍，並得在卡瓦家連 (Kawajalei) 珊瑚礁島建立軍事設施，美國在該島定期性從事飛彈試射與太空偵測活動。卡瓦家連成為美國洲際飛彈試射目標。

## 官方發展援助 (Official Development Assistance, ODA)：

太平洋島嶼國係世界上接受外援占其國民年平均所得比率最高的國家；最大的援贈國分別為澳洲、美國、日本、紐西蘭與英國。美國主要援助對象是自由結合公約成員國；澳洲則為美拉尼西亞國家與玻里尼西亞國家；紐西蘭則以玻里尼西亞國家為主。最近十年來，歐盟、法國與日本對本區的援助有增加趨勢；紐澳則附加援助的條件而美國與英國逐漸減少並淡出中。主要原因乃冷戰後戰略優先次序有所調整與預算的受限，包括美國國際開發總署與和平工作團在本區域的布點或關閉或人數大幅減少。

南太平洋鮪魚協定 (South Pacific Tuna Treaty)：這是美國與十五個太平洋島嶼國家在 1987 年所簽署的多邊條約，迄今已有二十五年的歷

史，並將在 2013 年中屆期。該條約規定只要簽約國中四個主要國家包括美國、巴布亞新幾內亞、密克羅尼西亞與吉里巴斯任何一國退出則條約失效。上年 4 月巴布亞新幾內亞決定片方面退出，使該條約在 2012 年 6 月新約談判未達成協議時將失效。

巴布亞新幾內亞所以堅決退出主要乃對美國遲遲不肯談判並以強悍與老大作風一意孤行高傲享受特權而不履行會員國義務不滿所致，並列舉美國行徑如下：

1. 當捕漁日數 (Day Vessel Scheme) 仍在討論建立中，一項爭議性方案特許美國在三年內得將二十五艘在美屬薩摩亞首府 Pago Pago 為基地的臺灣漁船納入其配額內，使其船隻數增加三倍；

2. 美國拒絕遵守在諾魯協定締約國 (Parties of Nauru Agreement) 規定夏威夷以南海域不得圍網補鮪魚的禁令；

3. 美國高調表示該條約如屆時不以原來形式續簽，美國將停止對太平洋島嶼國一切經濟援助；

4. 懸掛美國國旗的漁船所繳付的入漁費僅為其他國家的十分之一；即使將美國每年援贈款算入，也僅達其他國家所繳付費用的四分之一。

這是美國與該區多邊關係中唯一的爭議，有賴美國以智慧化解與太平洋國家的齟齬，改變美國的形象。

## 第二節 中國大陸崛起尋求能源資源與戰略外交利益

　　美國在冷戰結束後逐漸淡出太平洋島嶼國所遺留的空間，正好由崛起中的中國大陸所填補。2008 年以前，兩岸不惜投注巨金在外交相互挖對方邦交國牆角，使得太平洋島國掀起陣陣漣漪，也使該等小國在兩岸較勁中左右逢源坐收漁利待價而沽，兩岸的割喉嚨式競爭同時也豢養該等小國貪腐投機情事，頗受西方列強的強烈指責。2008 年以後，兩岸外交休兵，中共得以在無後顧之憂下，韜光養晦逐步建立鯨吞蠶食的勢力，近則制衡美澳在太平洋島國間的影響力，遠則一旦兩岸休兵有所改變，隨時可利劍出鞘，整裝以待。

　　**積極外交布署**：中共在太平洋島嶼國間共有八個邦交國，除在其大使館布署人數遠超過其他各國使館人數外，更積極推動安排地主國高層邀訪給予隆重接待，中共領導人國是訪問，雙邊會議以及與最重要的區域組織太平洋論壇會員國舉行高峰會議，簽署中共與太平洋國家經濟發展與合作指導框架，提供該等國家發展援助款。同時對太平洋國家貨物給予優惠關稅，並尋求簽署自由貿易協定。另我國友邦的部長級官員雖然在駐館努力勸阻下不會接受中共主辦活動如上海國際博覽會的邀請，但對於國際組織如聯合國所屬的活動在中國大陸舉行時，我方往往缺乏資訊而無法勸阻友邦部長級官員前往出席，使中共有機會與渠等接觸。

　　**見縫插針填補空間**：2006 年斐濟軍事政變成立軍人政府受到美、澳西方國家的軍事與經濟抵制，斐濟軍政府乃向中共、印度、日本、南韓與東南亞求援，中共趁虛而入，各種軍經援助源源不斷成為斐濟最大的資助國，也為中共在南太建立一個政治、外交、戰略、安全與經濟的重要橋頭堡。

　　**軍經援助**：中共挾其強大的經濟實力無條件低利貸款或贈款給太

平洋島嶼國，與澳洲動輒以高壓手段附加嚴苛條件的援贈，更凸顯其和平、友善的軟實力。中共主要援助項目以政府大樓、國會大廈、體育館（場）、橋樑道路與機場等能見度高且可收立竿見影的重大基礎建設為主，頗能獲受贈國的青睞與感激。

太平洋島嶼國之中，目前僅有巴布亞新幾內亞、斐濟與東加擁有自己的軍隊，其軍隊以往一向接受美澳紐或西方的訓練與協助，斐濟 2006 年政變成立軍事政府後，紐澳與西方國家為抵制非民主的斐濟政權，對其實施軍事與經濟的制裁包括不發予政府官員的簽證等，斐濟乃轉向亞洲尤其中共的協助，首次開啟中共代為訓練斐濟軍隊並提供各項均需配備；2001 年東加發生反華人暴動，華人社區遭受上百的東加人攻擊，但該事件不影響東加在當年決定強化與中共發展軍事關係，在 2008 年中共提供東加 34 萬歐元的軍需品；2008 年 5 月我前部長黃志方因臺灣以 1900 萬歐元賄款作為與巴布亞新幾內亞建交的醜聞事件而下台，巴布亞新幾內亞外長 Sam Abal 當即立刻重申該國沒有承認臺灣的意圖。幾天後，巴布亞新幾內亞宣布其國防將接受中共的訓練。中共的軍事影響力逐漸伸入太平洋島嶼國。

就地投資設廠穩定原料來源並以經濟為政治外交服務：中共有 3000 多家國營或私營公司在太平洋島嶼國家投資設廠，主要經營項目為能源生產、成衣、漁捕、木材、農場、旅館、餐廳與雜貨業；投資總額約 10 億美元。主要投資國家對象為巴布亞新幾內亞、索羅門群島、斐濟、萬那杜。這些國家也因為北向政策 (look north) 而歡迎中共的投資。中共在巴布亞新幾內亞的投資包括 Ramu 鎳礦、伐木、天然氣與鮪魚加工；在斐濟的漁業投資設有海洋公司與龐大的捕漁船隊，並協助斐濟興建水力發電廠；在馬紹爾群島的鮪魚加工廠等。中共此種投資都屬於連工帶

料來自中國大陸,對當地就業機會與技術轉移毫無助益,當地人多有反感。

本年 9 月即將正式開幕營運的中共與吉里巴斯合資公司吉里巴斯漁業公司,係吉國史上最大的一樁合資案,中共號稱將雇用 600 名吉國勞工並購買 1000 戶漁民每日魚貨,在我邦交國中共此一僅見具有彈性的投資作法,恐非單純捕漁經濟因素,而別有用心。

反華暴亂事件頻起:中共雖未刻意以移民方式來強化其對太平洋島嶼國的影響力,但華人在太平洋島嶼國總人數約有 20 萬人,約占當地人口的 3%。華人人數雖不多但在當地經濟上的影響力卻很大。最近有大量華人移入巴布亞新幾內亞與斐濟各約有 2 萬人。華人素質不高,但類多以經營雜貨、餐旅業為主,但其中亦有非法移民與從事犯罪集團活動包括人口走私、販毒、黑道幫派、賭博與洗錢等。華人大多群居一處少與當地人往來自成一格,經商致富而不思回饋當地社會;加以賄賂當地官員以便宜行事,引起當地人不滿。當地人對其政府貪腐的舊恨加上對華人的新仇,而思藉機洩憤。2006 年 4 月與 11 月分別在索羅門群島與東加發生反華暴動事件,暴徒焚燒華人商區洗劫財物,幸賴澳、紐兩國派軍警鎮壓綏靖,中共亦派專機撤僑。另中共在巴布亞新幾內亞的鎳礦與索羅門群島的木材投資,因為低價收購民地、剝削勞工、忽視環保與造成濫砍深林,使該等投資廠商如坐火線上,早已潛伏當地人不滿情緒隨時可能成為引爆的地雷。

## 第三節　澳洲戰略安全禁臠與區域主導角色

太平洋島嶼國是澳洲的後院，而從澳洲北部到東南亞群島是一條不穩定的弧形 (arc of instability)，包括索羅門群島、巴布亞新幾內亞、西巴布亞、東帝汶與印尼的阿切島 (Aceh) 等。因此澳洲最關注的是安全問題，其對太平洋島嶼國的政策以澳洲前總理 John Howard 說得最透徹，他表示澳洲在該區的利益在維繫該地區經濟的活絡、政治的穩定與免於罪犯 (economically viable, politically stable and free from crime)。為達致維護澳洲安全的目標並主導其視為禁臠的該地區事務，澳洲採取具巨棒與胡蘿蔔的高壓政策，恩威並行。

**武力鎮壓維護和平**：政治與社會不安除阻礙當地國發展外，亦提供國際犯罪集團與恐怖份子有可乘之機，故澳洲不惜採取預防性軍事行動。2006 年澳洲派遣軍警人員到東帝汶、索羅門群島與東加協助平定暴亂與維持治安。並主導 2003 年的 Biketawa 宣言，協助成立區域援助索羅門群島任務團 (Regional Assistance Mission to Solomon Islands, RAMSI)，由十五個太平洋島嶼國分別派遣維和軍警協助索羅門治安與發展，成為有效穩定該地一股力量。

**軍經制裁斐濟軍事政府**：2006 年斐濟政變成立軍事政府違反民主，2009 年斐濟憲法法庭判決軍政府違憲而發生憲政危機；軍政府不為澳洲所承認，兩國交惡互相驅逐使節，澳洲並發動對斐濟軍政府實施軍事與經濟制裁。同年在澳洲主導下，南太平洋論壇驅逐斐濟，斐濟成為第一個被中止會籍的國家。

**主導區域組織**：太平洋地區若干區域性組織澳洲均為最大的捐助國，包括區域最具影響力的太平洋島國論壇的活動都由澳洲所主導；區

域組織的重要領導位置也都安排由澳洲籍人士或親澳洲的人士擔任；臥榻之側不容他人鼾鼻並從中阻擾該論壇與歐盟親密經濟關係太平洋協定(Pacific Agreement on Closer Economic Relations, PACER) 談判，以維護其在太平洋島嶼國間的盟主地位。

安插澳洲人員於當地國政府任職：太平洋島嶼國政府中處處可見澳洲籍人士擔任重要職位，如吉里巴斯的首席大法官、副總檢察長與各部會均安置澳洲籍人士擔任顧問等職，渠等態度高傲頤指氣使，且享有由澳洲經援項下支付數十倍高於當地政府官員的待遇，地主國僅能逆來順受，但少有感恩之心。

有條件的經援：澳洲雖貴為太平洋島國地主國最大的捐助國，但其捐助計畫類多屬紙上作業規劃與諮詢性中程計畫，必須由澳洲人士擔任計畫經理，聘請澳洲顧問擔任可行性研究等任務。以澳洲協助吉國興建衛星城計畫為例，該計畫係五年為期總額 2,000 萬澳元，迄今僅一年餘，支付澳籍人員的差旅費與薪津業已花費近半，然連可行性報告仍尚未提出。其他如赴澳就業方案等均屬口惠而實不至，該計畫推出迄今，整個太平洋地區因該方案受雇赴澳不到 50 人，遠較紐西蘭 300 多人為低。

# 第四節　紐西蘭對澳洲亦步亦趨的安全與經濟利益

紐西蘭與澳洲唇齒相依，在太平洋島嶼國家的政治、安全政策方面與澳洲步調一致；但紐西蘭的行事低調且務實作風贏得太平洋島嶼國的誠實經紀人 (honest broker) 之美稱。在反核繁衍、反恐、人道與災難救助、維和行動以及環境保護議題方面，紐西蘭作出相當的貢獻。

**經援屬國第一優先**：紐西蘭有托克勞 (Tokelau)、紐埃 (Niue)、庫克群島等屬國，每年均編列預算補助各該等屬國。另與薩摩亞及東加關係相當密切，為主要經援對象。

**制裁斐濟促進民主**：配合澳洲，紐西蘭也參與 2006 年制裁斐濟軍政府，盼能藉此促使斐濟恢復民主。

**參與維和行動**：紐西蘭先後參與巴布亞新幾內亞、東帝汶、索羅門群島、斐濟與東加的維和行動。

**經貿合作**：紐西蘭每年與太平國地區的貿易超過 10 億美元，依照南太平洋區域貿易與經濟合作協定 (South Pacific Regional Trade and Economic Cooperation Agreement, SPARTECA) 對進口太平洋島國產品幾無設限。另透過 PACER 與太平洋島嶼國家貿易協定 (Pacific Island Countries Trade Agreement, PICTA) 等安排促進區域貿易。

**氣候變遷與環境議題**：紐西蘭與法國及澳洲合作於 1992 年簽署 FRANZ 協定對太平洋島嶼國提供災難救助；協助管理西南太平洋的漁業、對本區的氣候變遷與環境議題扮演領導角色、同意接納土瓦魯在沈沒前其全部人口移民紐西蘭；反對載核船隻經過該區；建立南太平洋鯨魚保護區與浮游魚類公約。2002 年建立美國與紐西蘭雙邊氣候變遷伙伴關係，協助各島國克服氣候變遷問題。

## 第五節　法國維護屬地利聯繫與利益

　　法國在太平洋島嶼國家的影響力與利益主要侷限在其兩個屬地即法屬玻里尼西亞 ( 人口 27 萬 ) 與法屬新喀里尼西亞（人口 25 萬）；1985 年法國因為當地當局擊沉在奧克蘭港口綠色和平船彩虹戰士號 (Rainbow Warrior) 與 1996 年法國因為核武試爆致使其與南太平洋島嶼國家的關係降到最低點；嗣後分別在 1984 年（2004 年展延）的自治法 (Statute of Autonomy) 與 1998 年的諾美阿協定 (Noumea Accord) 下，法國默許兩屬地逐漸邁向自治與公民投票決定獨立或與法國保持結合聯繫，法國與南太島國的關係始大幅改善。

## 第六節　日本的外交與經濟利益

　　日本對太平洋島嶼國的經援一如其對其他地區經援旨在為其國內業者拓展商機，或達致其外交目的。日本在此地區設駐館有限，基本上經援額度不大；惟當日本有意爭取國際組織或區域組織重要職位時，如安理會非常任理事國等，日本會慷慨捐贈以換取受助國支持其訴求。另重大的基礎建設援建案日本在港口碼頭、設立漁船船員訓練學校與相關產業道路上不惜贈與巨金，並非出於對受助國的恩惠，而是基於為其國內相關產業提供便利、降低成本與拓展商機的考量。

# 第七節 中華民國臺灣的外交與經濟利益

中華民國臺灣在國際上因中共因素外交上甚為孤立，2008 年以前為爭取與國不惜與中共進行金錢外交之爭。2008 年兩岸外交休兵後，以固守邦交國並透過其等為其在國際上發聲支持其有意義參與國際組織如UNFCCC(United Nations Climate Change Convention)、ICAO(International Civil Aviation Organization) 與 IRENA(International Renewable Energy Agency) 等。我國在太平洋島嶼國家的外交作法如下：

**基礎建設**：在目標正確、程序合法、有效執行的原則，以透明、公開與平等互信方式，協助邦交國基礎建設以奠定期經社發展基礎。此一合作項目所費較大但也能見度高，有立竿見影之效。紐、澳已有以我作法為借鏡開始對太平洋島嶼國提供基礎建設的鉅額經援。

**技術移轉永續經營**：透過技術團進駐邦交國協助其農業、漁業與畜牧等發展，以「六三三」為績效追蹤評比標竿，藉以協助邦交國減少進口，自給自足並以技術移轉達致永續經營目標。

**醫療衛生合作**：以每年二次分別派遣醫療行動團分赴邦交國協助看診並提升其醫療照護水準。另為有效提升邦交國醫術水準，並協助解決重大疾病的防制，將於本年在各邦交國成立醫療中心，配署全職我國醫生、護士與技術人員在當地服務。

**經貿投資**：旨在協助國內業者拓展商機並協助友邦產業發展；但限於駐在國客觀環境。目前六個邦交國中，以帛琉與馬紹爾群島較具成效。我國旅館與旅遊業者在帛琉相當活絡，每年我國人赴帛琉觀光人數多達 3 萬 5,000 人，占其觀光總人數之 42%；我國人在馬紹爾投資營生業者超過該國業者的半數。在其他邦交國的經貿投資則乏善可陳。

**文化教育青年交流**：2009 年起，我每年派遣青年大使團分赴友邦進行交流，同時亦邀請友邦青年政府官員赴臺參加未來領袖研習營；另遴派友邦需求之各種志工在當地作為期一至二年的服務；每年提供臺灣獎學金供當地學生赴台深造；國合會亦提供各項專業短期研討會協助友邦提升人力資源素質。

# 第七章 結語

綜觀各列強在太平洋島嶼國之角逐，各有需求、目的與畛域；在這種情形下形成既平行互補但又具潛在競爭的可能；

**列強各有追求**：美國利益在於軍事方面且侷限在赤道以北的自由結合國家；澳洲則以安全為最優先考量，以赤道以南為其勢力範圍，力圖主導該區活動；紐西蘭則為誠實經紀人，以其屬國或屬地為主要援建對象，但對太平洋島嶼國家地區的維和、環境、氣候變遷亦盡其心力；中共挾其經濟崛起，不斷無聲無息以投資經貿方式的擴展其影響力；在其鯨吞蠶食並以經濟服務外交政治的策略下，進攻退守，係目前態勢下最大獲利者；法國則以固守其屬地協助其自治但維持結合聯繫為主；日本以經援作為爭取與國協助其獲取國際組織職位，並為其國內業者開拓商機提供便利，精打細算的投資回收策略。我國僅以友邦為我在國際場合發聲象徵性助我有意義參與國際組織與活動，而能一步一腳印與友邦共同攜手協助其發展的工作伙伴；基本上我國的作法獲得友邦朝野乃至國際的肯定。

**可能潛在競爭衝突**：中共在太平洋島嶼國家之間的韜光養晦雖然目前對其他列強尚未構成軍事與安全的威脅顧慮，長期以觀，中共勢力的擴展將破壞區域均勢現狀，難免引起美、澳的疑慮與戒心，我宜注意其中均勢衍變，從列強衝突利益與平行利益中尋求與

美、澳等國合作的契機。

　　**我國因應之道**：目前兩岸外交休兵下或可相安無事，一旦該關係有所調整，中共隨時可以翻盤，令我處於不利地位，我宜未雨綢繆，預先妥為因應。師敵之計還治其身；首要乃選定與各友邦甚至非邦交國互利的經貿投資領域，如吉里巴斯的海洋資源（鮪魚）、椰乾與飼料肥料等產業，以我資金及技術與吉國廠商合作，創造雙贏，以經濟服務外交；並儘早對太平洋友邦與非邦交國主動給予其貨物進口我國優惠或免稅待遇，從而促成與我簽署自由貿易協定與建立自由貿易區；厚植與各島嶼國的實質關係。

# 太平洋島國風情與風雲

作者◆何登煌

發行人◆施嘉明

總編輯◆方鵬程

主編◆葉幗英

責任編輯◆徐平

美術設計◆吳郁婷

出版發行：臺灣商務印書館股份有限公司

台北市重慶南路一段三十七號

電話：(02)2371-3712

讀者服務專線：0800056196

郵撥：0000165-1

網路書店：www.cptw.com.tw

E-mail：ecptw@cptw.com.tw

局版北市業字第993號

初版一刷：2013 年 3 月

定價：新台幣 300 元

ISBN 978-957-05-2811-4

版權所有　翻印必究

太平洋島國風情與風雲／何登煌 著. --初版. --臺
北市：臺灣商務, 2013.03
面 ； 公分. --

ISBN 978-957-05-2811-4（平裝）

1.島嶼 2.大洋洲

774                                    102000920

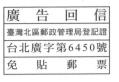
100台北市重慶南路一段37號

# 臺灣商務印書館　收

對摺寄回，謝謝！

# 傳統現代　並翼而翔

Flying with the wings of tradtion and modernity.

# 讀者回函卡

感謝您對本館的支持，為加強對您的服務，請填妥此卡，免付郵資寄回，可隨時收到本館最新出版訊息，及享受各種優惠。

■ 姓名：＿＿＿＿＿＿＿＿＿＿＿＿＿　性別：□ 男　□ 女

■ 出生日期：＿＿＿＿年＿＿＿＿月＿＿＿＿日

■ 職業：□學生　□公務(含軍警)　□家管　□服務　□金融　□製造
　　　　□資訊　□大眾傳播　□自由業　□農漁牧　□退休　□其他

■ 學歷：□高中以下（含高中）□大專　□研究所（含以上）

■ 地址：＿＿＿＿＿＿＿＿＿＿＿＿＿＿＿＿＿＿＿
　　　　＿＿＿＿＿＿＿＿＿＿＿＿＿＿＿＿＿＿＿

■ 電話：(H)＿＿＿＿＿＿＿＿＿　(O)＿＿＿＿＿＿＿＿＿

■ E-mail：＿＿＿＿＿＿＿＿＿＿＿＿＿＿＿＿＿＿

■ 購買書名：＿＿＿＿＿＿＿＿＿＿＿＿＿＿＿＿＿

■ 您從何處得知本書？
　　　□網路　□DM廣告　□報紙廣告　□報紙專欄　□傳單
　　　□書店　□親友介紹　□電視廣播　□雜誌廣告　□其他

■ 您喜歡閱讀哪一類別的書籍？
　　　□哲學‧宗教　□藝術‧心靈　□人文‧科普　□商業‧投資
　　　□社會‧文化　□親子‧學習　□生活‧休閒　□醫學‧養生
　　　□文學‧小說　□歷史‧傳記

■ 您對本書的意見？（A/滿意　B/尚可　C/須改進）
　　　內容＿＿＿＿＿編輯＿＿＿＿校對＿＿＿＿翻譯＿＿＿＿
　　　封面設計＿＿＿＿價格＿＿＿＿其他＿＿＿＿＿＿＿＿

■ 您的建議：＿＿＿＿＿＿＿＿＿＿＿＿＿＿＿＿＿＿

※ 歡迎您隨時至本館網路書店發表書評及留下任何意見

臺灣商務印書館　**The Commercial Press, Ltd.**

台北市100重慶南路一段三十七號　電話：(02)23115538
讀者服務專線：0800056196　傳真：(02)23710274
郵撥：0000165-1號　E-mail：ecptw@cptw.com.tw
網路書店網址：http://www.cptw.com.tw　部落格：http://blog.yam.com/ecptw
臉書：http://facebook.com/ecptw